U0109978

# 新移民女性參與子女學校教育
## ——以台灣雲林縣個案爲例

林美惠、王奕貞、莊財福 

# 目　次

# 表目次

# 圖目次

# 中文前言

本書旨在探討新移民女性參與其子女學校教育之情形、新移民女性子女的學業成就是否會因為子女之性別、年級以及新移民女性之社經地位、國籍、華語能力之不同而有差異；進而探究新移民女性參與其子女學校教育情形與其子女學業成就之間的相關性，以及這些變項對其子女學業成就之預測情形。本書採研究者自編問卷，以雲林縣就讀國小之新移民女性子女共 2,211 位為對象進行普查，問卷回收率 58.66%，經剔除無效問卷，共得有效問卷 1,148 份。並依受試學生之學習領域總成績作為學業成就，進行綜合分析。

本書提出幾項重要結果：1.新移民女性參與其子女學校教育，不會因為其子女之性別、年級而有顯著差異；2.新移民女性子女之學業成就，會因子女之性別、年級而有顯著差異；3.新移民女性參與其子女學校教育，會因新移民女性本身之社經地位、國籍、華語能力而有顯著差異；4.新移民女性子女之學業成就，因其母親之家庭社經地位、國籍、華語能力而有顯著差異；5.新移民女性參與其子女學校教育與其子女學業成就之間有顯著正相關。6.新移民女性採家庭本位式參與其子女學校教育，以及其本身之家庭社經地位可以有效預測其子女學業成就。最後，期能透過本書提供之相關實證資料結果、結論與建議，作為關心此議題之社會大眾與教育單位之參考資料，此為本書出版之最大目標與貢獻。

# The Parents' Involvement of Foreign Spouses in Elementary Schools：A Case Study of the Yunlin County in Taiwan

The study aimed to explore the relationships between parents' nvolvement of foreign spouses and the academic achievement of their children. Moreover, the study has investigated the academic achievement of pupils would be different with the genders and grades of pupills, family socio-economic status, foreign spouses' nationality, and Chinese proficiency.

A questionnaire survey was conducted. The subjects of the study were foreign spouses' elementary children in Taiwan, including 158 elementary schools in Yunlin County. The research adopted the "Parents' Involvement of the Foreign Spouses in the School Education for Elementary Schools" questionnaire (edited by the researcher) as an instrument. Totally 1,148 valid samples were collected, and valid collection was 88.51%. The statistical methods used to analyze the data were descriptive statistics, t-test, one-way ANOVA, product- moment correlation, and stepwise regression analysis.The results of the study are concluded as follows：

1. The Parents' involvement of foreign spouses is significantly affected by their socio-economic status, nationality, and Chinese proficiency.

2. The academic achievement of pupils is significantly affected by their genders, grades. It also affected by socio-economic status, nationality and Chinese proficiency of their mother.
3. The Parents' involvement of foreign spouses and their children's academic achievement are obviously relevant.

Finally, the suggestions of the study based on the above conclusions are offered to the education administration agencies, the schools and the foreign spouses' family.

# 第一章　緒論

台灣已經從跨國人口移出變成跨國人口移入的國家，大約從1980 年開始，有一批新移民開始進入台灣，然而與以往家族或族群遷移的模式不同的是，她們是默默潛身台灣家庭的個別女性，在台灣生養後代，這群新移民就是近年來漸受重視且人數大幅攀升的新移民女性（李萍、李瑞金，2004）。教育部（2004a）也指出，新移民女性大量移入台灣，類似美國立國時期之情況，今台灣社會已呈現多元文化的樣貌，新移民女性及其所生子女人數激增，已成為自然趨勢。

近年來，台灣男性與大陸及東南亞籍女性通婚比例逐漸升高（江亮寅等，2004）。1992 年以後，政府逐步開放兩岸民間交流，兩岸婚姻也隨之增加； 1994 年政府為拓展國際經貿關係與發展空間，行政院推動以東協國家為對象的南向政策，公開鼓勵台商至東南亞投資，隨著台灣資金外流後，再因國際交通便捷，更促進台灣人民與東南亞國家的互動，促使台灣男性娶東南亞籍配偶的趨勢也逐漸升高。此外，由於台灣婚姻價值觀的轉變與性別結構不均，婚姻仲介業者因而介紹大陸與東南亞女性作為台灣男性結婚之對象（王瑞壎，2004）。根據內政部戶政司（2005a）之數據顯示，2004 年之非本國籍新娘共 28,134 人，以東南亞籍新娘 17,182 人為最多，佔 61.07%；其次為大陸籍新娘 10,567 人，佔 37.56%；其他國籍人數 385 人，僅佔 1.37%。

隨著新移民女性數量的遽增，新移民女性所生子女數正逐年升高，台灣嬰兒出生比率也產生了結構性的變化。事實上，「傳宗接代」是台灣男子迎娶新移民女性的主要目的之一（陳烘玉等，2004），因此，新移民女性所生之子女佔台灣新生兒之比例亦有上升之趨勢。內政部戶政司（2004b）統計最近六年台閩地區嬰兒出生數，統計資料中顯示，在生育率持續下降的同時，產婦之組成結構亦有所改變，新移民女性逐漸成為國內年紀較輕，且生育意願或生育率較高的一群。值得注意的是，2002 年台灣新生兒共有 247,530 位，其中，有 30,833 位是新移民女性所生之子女，約佔全台灣嬰兒出生總數的 12.46%；本國籍母親所生子女共 216,697 位，約佔全台灣嬰兒出生總數的 87.54%。到了 2003 年，在全台灣 227,070 位新生兒中，有 30,348 位為新移民女性所生之子女，佔所有出生嬰兒的 13.37%；本國籍母親所生子女總數共 196,722 位，佔所有出生嬰兒的 86.63%。由此資料顯示，與 2002 年相比較，2003 年本國籍母親所生子女數所佔全國新生兒之比例下降了 0.91%，新移民女性所生子女比例卻上升了 0.91%，亦即母親為本籍新生兒總數所佔比例下降，而母親為新移民女性新生兒所佔比例卻上升了。

再者，台灣地區外籍配偶其中男性只占 14%，女性占 86%，明顯呈現這些新移民女性在台灣的份量（內政部移民署，2009b）；臺閩地區外籍與大陸配偶人數從 2004 年 336,483 人至 2009 年為 417,749 人（內政部移民署，2009a；內政部移民署，2009c），顯示臺灣在近幾年之時間內，外籍配偶人數即明顯快速增加，最明顯的現象即為跨國婚姻中之大陸配偶與外籍配偶之增加；若依據內政部戶政司統計 1993 年 8 月底外籍配偶為 103,281 人，其中大陸（含港澳）地區配偶為 183,778 人（監察院，2008）。

若根據內政部統計處（2009a、2009b）發佈之內政統計通報，關於 2008 年國人結婚之外籍與大陸港澳配偶人數統計之相關數字說明指出：國人與外籍、大陸港澳人士結婚占總結婚對數比例於 2003 年達最高峰，占 31.9%，但截至 2008 年已降至 14.0%。2008 年國人與外籍、大陸港澳人民結婚以大陸、港澳地區配偶占 5 成 9 最多，東南亞地區配偶占 2 成 8 次之。按性別的結構來觀察，2008 年外籍與大陸港澳新娘人數占 83.8%，遠高於新郎人數，惟其差距已逐年縮小。按原屬國籍分，新娘以大陸港澳地區占 66.7%最多、越南籍 22.0%次之、印尼籍占 4.4%居第三。按區域別分：2008 年結婚登記之外籍與大陸配偶人數以北部地區占 51.67%最多，南部地區人占 23.51%次之，中部地區居第三（內政部統計處，2009a、2009b）。

因為台灣地區外籍配偶（內政部移民署，2009b）其中男性只占 14%，女性占 86%，明顯呈現這些新移民女性在台灣的份量，且她們來臺半年至一年中懷孕生子之比例頗高（葉淑慧，2005），由於外籍配偶其原生家庭與的語言、習慣與風俗皆與臺灣不同，在短期間內既要適應不熟悉的語言、社會風俗、新的生活方式，又要負擔起教育子女的重責大任（黃旐濤、黃秋玉、陳淑美、勞賢賢，2008），在生活與文化適應上勢必產生困難。

關於 2008 年臺灣嬰兒出生狀況做統計，發現嬰兒出生率逐年下降，2008 年出生嬰兒計 198,733 人，較 96 年減少 2.8%，首度跌破 20 萬人；粗出生率已較 10 年前已降低 3.8 個百分點，顯示出少子化現象之嚴重。然而同期出生嬰兒生母之原屬國籍（地區）為本國籍者占 90.4%、大陸港澳地區者占 4.9%、外國籍者占 4.7%；生母為大陸港澳及外國籍者所占比率已跌破 10%。與 96 年比較，生母為大陸港澳地區者比率與上年持平，為外國籍者比率則減少 0.62 個百分點，主因是近年國人與外國人結婚比重下滑所致（內政部，2009）。

由上述資料呈現，可見新移民女性（外籍配偶）及其子女在臺灣人口中所佔的比重愈來愈高，然這些新移民女性除了大陸及港澳由於同文同種是以社會適應上較無困難（黃旐濤、黃秋玉、陳淑美、勞賢賢，2008），但是東南亞地區之配偶不但教育程度較低，多以國中為多（34.6%），其次為自修及小學（31.9%），教育程度明顯較我國同年齡層婦女低（內政部，2004），且其國人配偶身分，為榮民、身心障礙、原住民、低收入戶者占 19.7%（內政部戶政司，2004），像這樣社經地位較低之臺灣夫婿及教育程度較低的外籍配偶（高淑清，2005），家庭基礎自然處於較弱勢。如果家庭經濟困難、家有身心障礙者或妻子語言溝通困難，那麼他們的子女在初期學習與發展上就可能會面臨高危險（蔡榮貴、黃月純，2004），而家庭若為中低社經階層者，對其子女的發展就處於文化不利的高危險群家庭（Aher, Jones, & Cohen, 2000；Brooks-Gunn & Duncan, 1997），出生於貧窮家庭之子女，跟非貧窮家庭子女相較，出現學習障礙與發展遲緩的比例為其 1.3 倍（Brooks-Gunn & Duncan, 1997；Wagner Spiker, & Linn, 2002）。

綜上所述，可見新移民婚姻家庭在生活適應上的困難，而新移民及其子女的學習、發展與適應是我國近十年來快速興起的課題，政府、學校及社區的因應措施多在摸索階段（黃淑苓，2007），因此關於新移民女性參與其子女學校教育之相關問題，實具有其重要性。

再者，就國民教育階段而言，新移民女性子女人數也逐年升高，根據教育部（2004c）的統計資料中亦顯示，93 學年新移民女性子女就讀國中小學生人數為 46,411 人，佔全部國中小學生數之1.63%，其中國中 5,504 人，佔國中學生總人數之 0.58%；國小 40,907人，佔國小學生總人數之 2.17%。如與 92 學年比較，在國中小總人數均呈現下降情形下，國中小外籍子女人數卻分別增加 2,091 人及 14,280 人，所佔比率則分別提高 0.22%及 0.78%。各鄉鎮市新移民女性子女佔學生總數比率也漸漸提高，以連江縣為例，新移民女性子女佔學生總數比率為 11.83%，其次為澎湖縣 5.19%、金門縣5.16%。

另教育部統計處（2009a、2009b）針對 97 學年度外籍配偶子女就讀國中小人數分布概況統計數據顯示：隨著外籍配偶嬰兒出生數的逐年遞增，97 學年外籍配偶子女就讀國中、小學生數已近 13萬人，較 96 學年成長 25.4%。如與 93 學年比較，5 年來國中、小學生數自 284 萬人降為 272 萬 9 千人，外籍配偶子女學生數卻由 4萬 6 千人成長至 13 萬人,遽增 8 萬 3 千餘人，占國中小學生數之比率亦由 1.6%快速增加至 4.9%。若依外籍配偶之原屬國籍及在國內居住地區觀察，逾 8 成 4 國中、小外籍配偶子女之父或母原生國籍以來自中國大陸、越南及印尼為主，其居住地區分布則有顯著差異性，如在彰化、南投、雲林、嘉義、臺南等農業縣，以越南、印尼籍有較多且集中之現象；至於屏東縣則以來自菲律賓者相對較其他縣市居多；都會區及鄰近都會區之外籍配偶則以中國大陸為主。按外籍配偶子女就讀縣市統計，國小累計前 60% 人數，主要依序分布於臺北縣、桃園縣、臺中縣、臺北市、彰化縣、高雄縣、高雄市及雲林縣等 8 個行政區。

基於新移民女性子女在台灣人數的增加，因此引起大眾之關切。例如，中華民國生活技能協會於 2003 年在立法院舉辦身心障礙者與新移民女性座談會時，會中呼籲政府在設立國家人權委員會的同時，亦應將新移民女性與在台外籍人士的權益納入考量，設立新移民女性人權保護機制並重視其子女教育問題之需求。國民黨立法院次級團體巾幗會於 2003 年在立法院舉行新移民女性生活及子女教育問題公聽會時，呼籲政府重視新移民女性在台生活之相關問題（鄧秀珍，2004）。此外，政府為推動整體新移民女性照顧輔導服務，有效整合政府及民間資源，共創和諧之多元文化社會，內政部依照行政院 2004 年 7 月 28 日第 2900 次會議指示，特設置新移民女性照顧輔導基金，規劃自 94 年度起 10 年內籌措 30 億元，藉此強化新移民女性照顧輔導工作；且自 2005 年 3 月 1 日開始接受補助申請案，由中央機關、地方政府及民間團體申請補助，協助新移民女性適應我國社會生活（內政部戶政司，2005b）。上述之措施是針對新移民女性所提出，若能對新移民女性有良好的照顧與輔導，或可對其子女的教養能力有所助益。

教育本源於家庭，家長是其子女生活中最重要且最具影響力的人，後因國家主義盛行，教育的責任遂由家庭、學校、社會共同承擔（張耐、王文瑛，1994）。教育的成敗，多決定於學校與家庭的配合，教師和家長合作，家長適度的參與子女教育，對於學生、家長以及學校，皆具正面意義。對家長而言，家長參與可擴展家長的生活圈、增加進修機會、提升自信心、增加與子女互動的時間與機會，能更了解子女的學習表現，進而對孩子有適當的期望。而家長提供適當的指導和良好的學習環境，則有助提升子女的出席率、學習動機、自尊心與學習成就等，對於子女的社會行為、態度、價值觀與人格發展，皆能產生正面影響（周新富，2003）。當家長與教師及學校建立良好的關係，尤其是家長若有機會參與決策時，其對學校的滿意度也會較高（Goldring & Shapira, 1993）。此外，若家長能積極參與子女學校教育，則教師在教學上亦能得到更多的支持，獲得更多學生的訊息，藉以引進更多有助學生學習的助力。因此家長參與之最終目的即在於建立更好的教與學的環境，讓學校教育發揮最大的成效，達到家長、學生、學校三贏的教育目標（周新富，2003）。

追溯家長參與子女學校教育的觀念係發軔於十八世紀初的美國社會，當時即有針對子女的學習與成長所組成的家長集會或活動之進行（李明昌，1997）。1994 年美國柯林頓政府提出的《美國 2000 年教育目標法案》（Goal 2000: Educate America Act）中，將家長參與列為美國的教育目標之一，各校成立父母中心以支持各校的服務，之後來家長參與學校教育的推展更受到各方的重視（李明昌，1997）。而在日本，中小學校園中的親師協會，不但是分擔校務、辦學報、照顧學童安全的專業家長組織，更是考核教學、激勵教師的學校教育監督者（林惠真等，1999）。

在台灣亦積極推動教育改革方案，地區性及全國性學生家長團體漸增，家長組織之運作漸臻成熟，各縣市教育局根據教育基本法、國民教育法等，亦增列家長及家長會參與學校事務範圍與項目。教育基本法於 1999 年公佈施行之後，其第 2 條第 1 項規定：「人民為教育權之主體。」第 8 條第 2 項及第 3 項明訂：「學生之學習權及受教育權，國家應予保障。國民教育階段內，家長負有輔導子女之責任；並得為其子女之最佳福祉，依法律選擇受教育之方式、內容及參與學校教育事務之權利。」教育部（2005）於 2005 年 3 月公告「國民教育階段家長參與教育事務辦法」草案條文及總說明。首度於條文中明文規定家長有責任參與班級、學校家長會，各校每學期都應舉辦家長日，提供家長與教師溝通課程、教學方式，並於 94 學年度開始實施。由此可見，家長參與不再只是家長的權利，也是責任。

當家長參與子女學校教育成為其責任時，家長之性別會是影響家長參與的重要因素之一。一般而言，母親是孩童的主要照顧者，其參與子女學校教育的參與程度高於父親（鍾美英，2002），母親對於子女的學習結果相對的也具有相當的影響力，例如，在國小的教育中，母親較父親更投入於子女的學習活動（吳秋鋒，2002）；在國中的教育階段，母親較投入親職教育活動，而父親很少參加（王淑如，1994）。由於為數不少的國人迎娶新移民女性（內政部統計處，2005b），這群來自東南亞地區或大陸的新移民女性，或因其成長環境、宗教、文化風俗、生活習慣及語言溝通的差異懸殊，導致在台灣配偶家衍生出問題，例如國籍、身分證、健康保險、工作、生活適應及子女教養等問題。新移民女性是否會因上述之某些因素而影響其參與子女學校教育，實為一重要問題。

家長參與子女學校教育有其重要性，故影響家長參與子女學校教育之因素亦不可忽視。研究發現，家庭的社經地位會影響家長參與學校教育的程度，其參與的程度與家長的社經地位有正相關，亦即家庭社經地位愈高的家長，會更積極參與子女學校教育（郭明科，1997；楊惠琴，2000；譚德玉，2001）。此外，居住在都會地區及高學歷之家長、家庭社經地位愈高之家庭，對其子女的教育期望愈高，其家長參與的態度及實踐度均較積極（侯世昌，2002）。根據內政部（2004a）的資料顯示，國人娶新移民女性的男方主要集中在農業縣份或都會區的邊陲地區，且大多數是以在台灣社經地位處於劣勢的男子為主，例如社經地位較差且年紀偏高、身心障礙者，或是新移民女性本身家庭經濟條件差而選擇嫁到台灣（王宏仁，2000；陳庭芸，2001）。由於家長的社經背景會影響家長參與子女學校教育的程度，因此，新移民女性夫家之社經地位情況為何？其家庭背景因素，是否會令其在參與子女學校教育上產生差異狀況呢？此亦為不可忽視的問題。

此外，學業成就為學生由學校教學中所獲得的知識和技能（石培欣，2000；陳作忠，2003），也是最常被使用、最易了解的學生學業表現指標（王文中等，1999）。家庭社經地位對學生學業成就的影響在國內外皆有相關之研究，根據研究結果顯示，家庭社經地位與子女的學業成就成正比（陳正昌，1994；陳翠華，1996；張善楠、黃毅志，1997；魏麗敏，1999）。Sewell（1967）在威斯康辛大學主持的有關家庭社會地位背景對學生學業成就影響的研究中發現，家庭社經地位與對高中學生入大學的計畫、入大學的機會、以及能否順利拿到學位，有直接正向影響，而這些影響並進而間接影響學生最終的教育成就。黃昆輝（1978）探討大學入學考試者與錄取者家庭社經地位分布情形，其研究指出，父親的教育程度較高者、從事非手工職業者、居住院直轄市者、家庭收入較高者，其子女通過入學考試的比率較高。陳正昌（1994）以台北縣市及宜蘭縣國小六年級學生為樣本，分析家庭及學校因素對學生學業成就之解釋量，其研究發現，家庭社經地位對學生學業成就具顯著預測效果。因此，新移民女性之家庭社經地位，是否會影響其子女之學業成就，實具有其研究意義。

然而，曾有研究指出家庭的社經地位並非直接影響其子女的學業成就，而是透過中介因素，如家長參與、教養方式、價值觀念、語言型態、教育期望、家庭文化等因素影響之（鄭淵全，2000）。父母在子女教育學習歷程中的參與狀況，不但視其為影響學業成就的主要因素，且為分析家庭社經地位與學生學業成就的主要中介因素（林義男，1988）。即使父母本身的教育程度或職業地位偏低，如果對子女教育多加關懷，子女仍有較佳學業表現（林清江，1991）。若家長能積極參與子女學校教育，能促進良好的親師關係與親子關係，則更有利於學童的學校適應與課業學習（林義男，1988；楊惠琴，2000）。是故家長參與或許會影響子女的學業成就，所以新移民女性參與子女學校教育，是否對其子女的學業成就產生影響，實為值得探討的問題。

當然，影響學生學業成就的因素很多，除了家庭、學校因素之外，學生個人因素亦為重要因素之一。Felson 與 Trudeau（1991）指出，學生性別和學業成就有顯著正相關，Landsberger（1981）也指出，剛入學之國小學童學業成就表現大致相同，但到三年級之後，男生的學業成就漸漸顯的落後。而新移民女性子女，其學業成就是否受到個人性別與年級之影響呢？此外，新移民女性參與子女學校教育情形對其子女學業成就是否可能產生不同的結果呢？

綜合上述，因此本書探討新移民女性家庭家長參與子女學校教育的情形與差異性，並分析新移民女性子女之不同背景、其母親不同的背景，對其子女學業成就之影響。期能透過本書對新移民女性家庭家長參與子女學校教育情形之研究結果，提供社會大眾與相關單位作為參考資料。

# 第二章　文獻探討

本章主要從四個方面來做分析，在第一節中，先就新移民女性婚姻歷史演進及子女教育問題做一說明，包括新移民女性的定義及形成與發展、新移民女性子女就學現況以及新移民女性子女教育問題分析；其次，第二節的部分將家長參與的相關概念、理論與研究等與做一探討；第三節則就學業成就的理論基礎與相關研究進行闡述。

## 第一節　新移民女性婚姻歷史演進及子女教育問題

### 壹、新移民女性的定義

透過各種婚姻仲介管道或以自由戀愛方式，與臺灣地區男性正式辦理結婚登記的大陸以及東南亞女子，在過去一般常見的新聞媒體大都以「外籍新娘」稱之。然而，婦女新知基金會（2003）認為外籍新娘並不能適切的表現新一代移民女性的身份，許多外籍新娘本身也認為「新娘」的身分並非是永久的，僅為短暫性的稱呼，因此於 2003 年四月間主辦更名活動，讓新移民女性投票決定自己的稱謂，最後結果以「新移民女性」來泛指從國外移民至台灣的外籍女性，範圍包含大陸及東南亞籍配偶（陳烘玉等，2004）。

此外，內政部為平等對待外籍與大陸配偶，同時兼顧與國人結婚之外籍、大陸女士與男士，於 2003 年 8 月 6 日函請各相關機關、直轄市及縣（市）政府，並發佈新聞稿，將「外籍與大陸新娘」用語，統一修正為「外籍與大陸配偶」，並於同年 9 月 12 日由內政部長召開外籍與大陸配偶照顧輔導措施記者會公開說明之（內政部，2003a）。

本書採內政部之用語，以「新移民女性」代表透過各種管道與台灣男子結婚者，其原國籍為大陸及東南亞籍，包括大陸、越南、印尼、菲律賓、高棉、柬埔寨、馬來西亞等地區之女性。

## 貳、台灣新移民女性形成與發展

新移民女性在台灣之形成原因與發展如下：

### 一、台灣新移民女性之形成

關於新移民女性的形成歷程，大陸籍與東南亞籍新移民女性有顯著的不同（江亮寅、陳燕禎、黃稚純，2004），茲參考夏曉鵑（1997）、江亮寅等（2004）、李萍與李瑞金（2004）之研究，概述如下：

## （一）大陸配偶之形成原因

1949 年國民黨政府移師到台灣，大量軍人中，有許多留下妻小在大陸，於 1987 年開放兩岸探親後，許多在台未再婚者得以回故鄉尋找妻兒；1989 年 3 月，行政院大陸工作委員會首次以正式法規開放滯留大陸台籍前國軍、配偶及其未成年子女返台定居；1990 年則開放滯留大陸台籍人士、配偶及其未成年子女返台定居。此特殊時空背景之下，即成最初的兩岸婚姻。1992 年以後，政府逐步開放兩岸民間交流，於同年 7 月公佈兩岸人民關係條例，為兩岸人民往來之重要法律依據。此時，由於至大陸探親、旅遊和經商的人數增加，兩岸婚姻也隨之增加。

## （二）東南亞籍配偶之形成原因

1949 年自大陸來台的部分軍人面臨擇偶困境，於是少數在台灣的東南亞歸國華僑，介紹東南亞婦女成為上述部分軍人之婚姻對象，其中，以華裔家境貧窮的女子為數最多。

於 1980 年後，台灣因經濟的快速成長，工資不斷上漲，令原本以勞力密集產業為主的出口商，面臨生產成本不斷攀升的困境，因此轉向東南亞國家進行投資。為因應國內產業逐漸外移之情況，經濟部長於 1993 年 8 月首次提出，將我國勞力密集產業移向東南亞的計劃，並於同年 12 月提出南向投資政策說帖，以昭示政府鼓勵產業前往東南亞投資的決心（蔡雅玉，2001）。行政院亦公佈推動以東協國家為對象的南向政策，公開鼓勵台商至東南亞投資。當時許多男性因為社會與經濟上的弱勢困境，間接影響他們在台灣找到適合的結婚對象，便藉此機會透過婚姻仲介管道，紛紛至東南亞地區尋找結婚對象（張貴英，1996），此係東南亞籍配偶之形成初始原因。

## 二、台灣新移民女性之發展

由於本書研究時的年度，適逢新移民女性逐年迅速遞增的時段，亦為當時社會最新且關注之議題；之後新移民女性則開始呈現下降趨勢，因此，本書將台灣新移民女性之發展資料呈現至本書進行研究時之年度如下，研究完成後的年度資料則不在此處呈現。

新移民女性移入已是台灣地區已是一個社會現象，根據研究者整理內政部（2003b、2004a、2005a）資料發現，自 2002 至 2004 年共三年，台閩地區總結婚對數逐漸減少。2003 年結婚登記總對數 173, 065 對，較 2002 年減少了 278 對；2004 年結婚登記總對數 131,453 對，較 2003 年減少約 4 萬對（詳見表 2-1-1）。其中本國籍女性配偶的人數也是逐年遞減，但值得注意的是，外籍配偶當中，東南亞籍新娘人數卻有逐年遞增之現象。

就外籍女性配偶之國籍分配而言，2002 年及 2003 外籍女性配偶人數分別為 44,843 人以及 48,400 人，人數略為成長，且皆以大陸籍女性配偶人數為最多，其人數佔外籍女性配偶之六成以上，見下表 2-1-2。至 2004 年，外籍女性配偶人數 28,134 人，較

2003 年的 48,400 人驟減了兩萬多人，由數據中得知，主要是大陸籍女性配偶人數大幅下降所致，而外籍女性配偶之國籍分配也隨之改變，以東南亞籍女性配偶 20,338 人為最多，佔 61.07%；其次為大陸籍女性配偶 10,972 人，佔 37.56%；其他國籍人數 385 人，僅佔 1.37%。

表 2-1-1　台閩地區結婚登記人數——按國籍分

| 年度 | 總結婚對數 | 本國籍新娘 | 外籍新娘 | | |
|---|---|---|---|---|---|
| | | | 大陸新娘 | 東南亞新娘 | 其他 |
| 2002 | 173,343 | 128,500 | 27,767 | 16,746 | 330 |
| 2003 | 173,065 | 124,665 | 31,353 | 16,600 | 447 |
| 2004 | 131,453 | 103,319 | 10,567 | 17,182 | 385 |

資料來源：內政部（2003b、2004a、2005a）

表 2-1-2　外籍女性配偶比率

| 國籍／年度 | 外籍新娘總人數 | 大陸 | | 東南亞 | | 其他國籍 | |
|---|---|---|---|---|---|---|---|
| | | 人數 | 比率 | 人數 | 比率 | 人數 | 比率 |
| 2002 | 44,843 | 27,767 人 | 61.92% | 16,746 人 | 37.34% | 330 人 | 0.74% |
| 2003 | 48,400 | 31,353 人 | 64.78% | 16,600 人 | 34.30% | 447 人 | 0.92% |
| 2004 | 28,134 | 10,567 人 | 37.56% | 17,182 人 | 61.07% | 385 人 | 1.37% |

資料來源：內政部（2003b、2004a、2005a）

## 參、新移民女性子女就學現況

由於本書研究時的年度，適逢新移民女性逐年迅速遞增的時段，亦為當時社會最新且關注之議題；之後新移民女性則開始呈現下降趨勢，因此，本書將台灣新移民女性子女就學現況之資料，呈現至本書進行研究時之年度如下，研究完成後的年度資料則不在此處呈現。

根據內政部（2004b）針對 1998 年至 2003 年之嬰兒出生數按生母的國籍之統計結果，如表 2-1-3 所示，此六年間台灣嬰兒之出生數正逐年遞減中，2003 年更續創歷年新低，但其中值得注意的是，新移民女性所生嬰兒數卻不減反增。

2002 年台灣新生兒中，新移民女性所生之子女，約佔全台灣嬰兒出生總數的 12.46%；到了 2003 年，新移民女性所生之子女，佔所有出生嬰兒的 13.37%，經過了一年，新移民女性所生子女所佔全國新生兒之比例上升了 0.91%。在 2003 年，新移民女性嬰兒總人數為 30,348 人，占全國嬰兒出生數的 13.37%，也就是說，在 2003 年，每一百個新生兒裡頭就有 13 個新移民女性子女。可預見的是，再過七年，待這批新生兒進入一年級就學，若一個班級人數以 30 人計，則平均每一班學生中將約有 4 名新移民女性子女。

表 2-1-3　台閩地區六年嬰兒出生數──按生母國籍分

| 年度 | 嬰兒出生數 | 生母國籍 | | | |
|---|---|---|---|---|---|
| | | 本國籍 | | 新移民女性 | |
| | 人數（人） | 人數（人） | 百分比（%） | 人數（人） | 百分比（%） |
| 1998 年 | 271,450 | 257,546 | 94.88 | 13,904 | 5.12 |
| 1999 年 | 283,661 | 266,505 | 93.95 | 17,156 | 6.05 |
| 2000 年 | 305,312 | 282,073 | 92.39 | 23,239 | 7.61 |
| 2001 年 | 260,354 | 232,608 | 89.34 | 27,746 | 10.66 |
| 2002 年 | 247,530 | 216,697 | 87.54 | 30,833 | 12.46 |
| 2003 年 | 227,070 | 196,722 | 86.63 | 30,348 | 13.37 |
| 最近六年累計數 | 1,595,377 | 1,452,151 | 91.00 | 143,226 | 8.98 |

資料來源：內政部戶政司（2004b）。

## 二、新移民女性子女就學現況

隨著新移民女性子女逐漸進入學齡階段，新移民女性子女就學人數也日趨增加中，根據（2004b）統計，93 學年度新移民女性子女就讀國中小學生人數為 46,411 人，佔全部國中小學生數之 1.63%，其中國中 5,504 人，佔國中學生總人數之 0.58%；國小 40,907 人，佔國小學生總人數之 2.17%。如與 92 學年比較，在國中小總人數均呈現下降情形下，國中小外籍子女人數卻分別增加 2,091 人及 14,280 人，所佔比率則分別提高 0.22%及 0.78%，詳如表 2-1-4。

表 2-1-4 新移民女性子女就讀國中小學生人數——按學年別分

| 學年度 | 合計 | | | 國中人數 | | | 國小人數 | | |
|---|---|---|---|---|---|---|---|---|---|
| | 總學生數 | 新移民女性子女 | | 總學生數 | 新移民女性子女 | | 總學生數 | 新移民女性子女 | |
| | | 人數（人） | 比率（%） | | 人數（人） | 比率（%） | | 人數（人） | 比率（%） |
| 93 | 2,840,356 | 46,411 | 1.63 | 956,922 | 5,504 | 0.58 | 1,883,628 | 40,907 | 2.17 |
| 92 | 2,870,076 | 30,040 | 1.05 | 957,285 | 3,413 | 0.36 | 1,912,791 | 26,627 | 1.39 |
| 差異 | -29,720 | +16,371 | +0.58 | -363 | +2,091 | +0.22 | -29,163 | +14,280 | +0.78 |

資料來源：教育部（2004c）。

表 2-1-5 新移民女性子女就讀國小人數——按總人數分

| 名次 | 縣市別 | 總人數（人） |
|---|---|---|
| 1 | 台北縣 | 6,125 |
| 2 | 桃園縣 | 4,725 |
| 3 | 台北市 | 3,352 |
| 4 | 屏東縣 | 2,868 |
| 5 | 台中縣 | 2,406 |

資料來源：教育部（2004c）。

國小新移民女性子女就學分布情形，若按縣市別分（表 2-1-5），人數以台北縣 6,125 人最多，其次為桃園縣 4,725 人，接下來依序為台北市 3,352 人，屏東縣 2,868 人，台中縣 2,406 人。

如按佔縣市學生總數比率分析，比率最高前五名依序為連江縣 11.83%，澎湖縣 5.19%，金門縣 5.16%，屏東縣 3.98%，雲林縣 3.80%。由上述數據中顯示在離島及中南部農業縣份所佔比率較高，如表 2-1-6。若以母親國籍別分析，前五名分別為大陸籍 14,033 人，印尼 10,651 人，越南 6,612 人，菲律賓 2,908 人，泰國 1,875 人，如表 2-1-7。

表 2-1-6　新移民女性子女就讀國小人數——按佔學生總數比率分

| 名次 | 縣市別 | 佔學生總數比率（%） |
|---|---|---|
| 1 | 連江縣 | 11.83 |
| 2 | 澎湖縣 | 5.19 |
| 3 | 金門縣 | 5.16 |
| 4 | 屏東縣 | 3.98 |
| 5 | 雲林縣 | 3.80 |

資料來源：教育部（2004c）。

表 2-1-7　新移民女性子女就讀國小人數——按母親國籍分

| 名次 | 母親國籍 | 總人數（人） |
|---|---|---|
| 1 | 大陸 | 14,033 |
| 2 | 印尼 | 10,651 |
| 3 | 越南 | 6,612 |
| 4 | 菲律賓 | 2,908 |
| 5 | 泰國 | 1,875 |

資料來源：教育部（2004c）。

## 肆、新移民女性子女教育問題分析

母親在家庭中往往是孩子社會化過程中最主要的角色，母親也是影響兒童語言發展的關鍵人物。一般新移民女性成為母親後，相對的，角色更為吃力，不只操持家務、生活適應，在子女教育上更顯的無能為力。由於新移民女性來自於不同文化背景的國家，雖然在教養孩子方面都一致希望教養孩子成為社會上有用的人，但是由於成長環境的不同，加上文化背景的差異，導致新移民女性教養子女時遭遇到不同程度的衝突（蕭昭娟，2000）。

台南縣政府教育局針對新移民女性子女進入小學後所遭遇的問題作一調查，單就子女就學方面提出以下七點困境（引自蔡奇璋，2004，頁 51）：

1. 一年級新生學習注音符號或國字時，母親無法指導。
2. 家庭作業或學習協助方面，母親因看不懂國字而無法幫忙，較無能力指導子女課業。
3. 缺乏學前教育，子女入學後出現適應困難的現象。
4. 缺乏對於子女正確的教育觀念及管教孩子的方法。
5. 由於語言溝通上的障礙，造成親師溝通較為困難。
6. 子女學習較緩慢。
7. 因母親無法閱讀中文，不能配合學校或班級上的行事，而讓孩子在學習上時有停頓現象。

另外，台北市政府教育局也在 92 學年度提出大陸及新移民女性子女在國民小學學校適應狀況調查，調查發現學業欠佳為 732 人佔所有新移民女性子女在校總人數的 33.29%；生活適應欠佳 458 人佔所有新移民女性子女在校總人數的 20.83%；整體適應欠佳 838 人佔所有新移民女性子女在校總人數的 38.11%。從此項調查可發現在台北市約有超過三分之一的新移民女性子女在學習與生活上，產生適應不良的情形，其中又以學業方面的問題較多（引自蔡奇璋，2004，頁 51）。

而在雲林縣方面，楊淑朱等（2004）針對雲林縣 91 學年度已就讀幼稚園、托兒所及國小之新移民女性子女（不包含大陸籍）共 302 名，以問卷調查探究新移民女性子女在校狀況，其研究結果顯示，在同儕關係方面，大部分表現良好，但也有二成的學童在同儕關係上出現發生衝突及語言表達欠佳等問題。在學習表現上，大約有四成的幼兒園所學童及五成的國小學童出現學習上的問題，值得教育當局關注。除了學童本身面臨困境之外，例如在雲林地區有高達六成的外籍媽媽有子女教養上的困擾，特別是在課業輔導方面。因為多數外籍媽媽來台即有語言適應問題，若加上本身教育程度低落，即使想要協助子女課業，可能產生心有餘而力不足的困境（蔡榮貴，2004）。

## 伍、小結

綜合以上所述，由於國人娶新移民女性的男方主要集中在農業縣份或都會區的邊陲地區，這群來自東南亞及大陸的新移民女性，大多因著成長環境、宗教、文化風俗、生活習慣及語言溝通的差異懸殊，導致其在子女教養上產生問題。隨著新移民女性數量的遽增，其所生子女正逐年升高，而這些新移民女性家庭多屬於台灣弱勢家庭中之一環，其成長中的子女由於先天環境文化刺激不足造成語文發展嚴重受到影響，進而可能陸續面臨一連串社會文化與就學適應等問題。因此，有必要探討新移民女性參與其子女學校教育之相關議題，藉以提供相關實證資料供相關單位參考，能提出有助降低不利新移民女性在子女教養學習的弱勢環境。

## 第二節　家長參與理論與相關研究

### 壹、家長參與的意義

#### 一、家長參與的定義

家長參與（parent involvement）是個不易界定的概念，研究者們由於不同的國情背景、研究目的之不同、研究關注焦點的不同，對家長參與所下的定義便有差異（Alejandro, 2000；吳璧如，1998；林俊瑩，2001；林美惠，2002；陳丁魁，2003；張明侃，1998）。Chavkin 與 Williams 於 1987 年對新墨西哥等六州進行家長參與教育計畫的六年研究中，將家長參與定義為地點不硬性設限，允許家長在家或是在學校的教育歷程中，參與子女各種的活動，以協助子女在學習的歷程中成長。Alejandro（2000）則認為家長參與是公立學校中以正式及非正式的方法，用以提高孩子的學業成就。他指出家庭、學校、社區互相合作，才能為孩子創造一個高度支持的學習環境。在參與的成員方面，也不只是家長或教師而已，甚至是家庭、社區級學校的每一份子都是參與的主體。陳良益（1996）以四個內涵清楚揭示家長參與的定義：就起點而言，家長參與立基於家長的意願；就歷程而言，家長參與是一種合作的過程；就目的而言，家長參與旨在促進兒童的學習與發展；以及就內容而言，家長參與遍及整個教育歷程。

家長參與的意義相當廣泛，大體而言是指父母親對子女學習歷程的參與（謝青儒，2002）。有的學者採狹義的觀點，專指家長在家中參與子女的學習活動（謝青儒，2002），或是家長參與班級事務的情形（王一道，2002；吳沐馨，2003），或是指家長進入校園，實際參與學校事務的計劃與決策（林俊瑩，2001；張彥婷，1998）或家長參與學校家長會組織與義工工作（陳志福，1990；張明侃，1998）。然大多數的研究者皆採廣義的觀點，認為家長在子女的教育過程中，所參與的一切相關教育活動，參與的地點與時間均不設限，能促進子女學習成效與發展，皆是家長參與的範疇（林天祐，1997；林明地，1999；林俊瑩，2001；吳璧如，1998；陳丁魁，2003；陳良益，1996；郭明科，1997；詹益銘，2002；簡加妮，2001；盧焜煌，2003；譚德玉，2001），而且家長參與是以正向的參與為主（謝青儒，2002）。

## 二、家長參與的內涵

家長參與的類型可分為以研究內容區分以及以參與角色區分，說明如下：

## （一）以研究內容區分

關於家長參與的研究內容，有些偏重於家長在家中的課業指導及環境準備，有些則是針對班級事務的參與來討論，另外還有探討家長參與學校行政事務部分，大多數的研究則是涵蓋家庭中、教室內與學校行政事務的參與三個面向，更有甚者，將社區參與也一並討論。茲將家長參與類型整理歸類成下列四種類型如下：

### 1. 家庭式的參與

家長參與定義為父母對子女表現的期望、口頭的鼓勵或作業的互動、對學業成就進步的直接增強與一般的學業指導或支持（Fehrmann, Keith & Rimers，1987）；父母參與兒童學習活動或教育歷程的情形時，以父母參與學校決策、父母參與完成子女家庭作業、父母參與子女課外閱讀以及父母參與子女考試活動作為探討的項目（林義男，1988）。

### 2. 班級參與

相關研究中，單單討論班級參與的研究非常的少，大多數都是討論親師互動時兼談家長參與班級事物，從父母、教師間的探討會、父母參與班級的自願性工作、父母參與家中的教導與父母參與教師指定的課後補救教學計劃四個面向來探討親師之間的互動情形（Hoover, Bassler & Brissie，1987）。

### 3. 參與學校事務

若將家長參與之範圍縮小至學校事務上，並不考量班級與家庭面向，其將家長參與分為以下六個面向（陳良益，1996）：

(1) 政策參與的部份：家長提供校務方案設計的建議，參與學校教育目標、教育政策、各種方案計畫的訂定或修正。
(2) 教學與課程方面：參與課程修訂，決定課程內容比重，教科書的遴選，協助教師準備教材教具，或參與教學、評量子女的學習成就。
(3) 訓導與輔導方面：協助學校維護安全與秩序，制訂學生獎懲標準，或擔任輔導人員對兒童進行輔導。
(4) 總務工作方面：可提供籌措經費、編列學校預算、維護學校建築及設備或美化學校環境的協助。
(5) 人事方面：可以參與校長或教師的遴選、聘任、考核，並可藉由參與教育董事會等相關組織，決定地區教育事項，如裁決地方教育糾紛、制定地方教育人員薪級表與福利制度、提供教育人員在職進修等。
(6) 公共關係方面：家長可以參與學校社區教育及聯繫工作，協助社區環境的改善，或與社區民眾溝通學校政策、計畫、方案的目的及作法，聯繫學校與社區良性互動的關係。

陳良益雖然將研究縮小為探討家長參與學校事務，但他不將場所侷限於學校裡，而是還要走出校園，參與社區與學校相關之活動。再者，若依組織或個人、正式或非正式二個分類基準，家長參與學校事務可分為以下幾個類型（林俊瑩，2001）：

(1) 正式的組織參與：指家長加入各種正式組織，以團體的力量來參與校務。如參加家長會、親師協會、學校義工隊、校友會及其他的各種組織，依法制定學校政策、執行學校計劃、協助審訂課程、遴選教材、參與校長、教職員工甄選、參與學校評鑑……等。在角色可能是擔任顧問、參與決策或對某一決策完全負責。

(2) 正式的個人參與：指個人依據法令或公眾認同來參與學校相關事務。如個人透過對學校教育事務的投票、在公聽會上表達個人對教育的看法及建議、個人在規範下直接和學校教職員工進行溝通或意見陳述。

(3) 非正式的組織參與：常見的非正式組織參與是由家長所組成的社區團體，這些團體沒有嚴謹的組織結構，可能是因為某種議題的看法相同，隨機組合而成，常扮演倡議的角逐，對當局並無強制的力量，或可被視為一壓力團體。一般而言，家長在此種方式的參與上,常扮演著倡議的角色。

(4) 非正式的個人參與：利用各種非正式規範方式來表達個人意見，此種方法雖然間接，但可能引起學校重視，進而影響學校決策。參與的行動如個人對學校的口頭讚賞或批評、利用報章雜誌來意見陳述、利用一些書面來表達。

### 4. 包含家庭、班級、學校以及社區的參與

有關家長參與的研究，絕大部分都會包含家庭、班級與學校三個層面甚至社區。Epstein（1995）認為要成為教育夥伴關係，必須

藉由家庭、學校及社區三方面的力量，各自發展其領域內的功能，再結合緊密的教育夥伴關係，以使孩子能得到完善的照顧。其建議之方案內容如下：

(1) 家長教育子女的責任

家長教育子女的責任係指學校應協助父母瞭解兒童及青少年的身心發展，以善用各種教育子女的方法及培育子女的技巧，且能設置家庭環境支援兒童在不同年齡及年級階段學習所需要的需求。

(2) 溝通

溝通係指透過學校與家庭或家庭與學校有效的雙向溝通方式，以傳達學校的計畫及學生的進步情形。

(3) 志願服務

志願服務係指製作參與的項目及時間表給志願到校服務的家庭和到校聆聽演講的家長，並提高家長參與學校教育的人數、改進訓練方式及工作內容。

(4) 學校決策

學校決策係指學校與家庭的夥伴關係包含在學校的決策、管理方面，並且採納親師協會、學校會議、教育委員會和其他家長團體組織等的建議。

(5) 學生在家學習

學生在家學習係指學生在家裡的學習活動也需要家長的參與，包含回家作業的完成、其他課程的活動及課程的決定等。

(6) 與社區合作

與社區合作係指學校從企業、政府機構、其他團體組織以及社區所能提供的服務等，尋求合作和服務的資源給家庭、學生及學校使用。

此外，研究者亦整理國內外相關研究，將有關家長參與內容整理如表 2-2-1：

表 2-2-1　家長參與相關研究表

| 研究者 | 年份 | 家長參與內容 |
| --- | --- | --- |
| Epstein 和 Becker | 1983 | 1. 基本義務參與：提供子女學習所需要的文具用品、安排子女在家中讀書與與作業的地點等。<br>2. 學校參與：指父母對學校事務的支持。如擔任班級義工、擔任委員會委員、捐募基金、協助學校活動等。<br>3. 參與學校與家庭的溝通：父母與教師的電話連繫、會談、訪問等。<br>4. 參與子女家中的學習活動，包括閱讀活動或其他非正式而需要指導的學習活動。 |
| 歐陽誾 | 1989 | 綜合歸納出家長參與的五種類型：<br>1. 家長的基本責任——提供有利的家庭條件。<br>2. 學校的基本責任——溝通。<br>3. 參與家中學習活動。<br>4. 參與學校活動。<br>5. 參與督導與倡議。 |

| | | |
|---|---|---|
| Comer 和 Haynes | 1991 | 1. 第一級：這是家長參與學校教育最低的一級，指的是家長對學校教學活動一般的參與，家長所扮演的角色僅是消極接受的角色。<br>2. 第二級：指的是家長協辦或主辦學校中的各項活動，家長參與學校或班級每日的活動，同時支持學校所施行的各種方案。<br>3. 第三級：這是家長參與中的最高層級，是由家長組成的團體，並參與學校的各項計畫與管理。在此層級上，家長對學校提供服務，也與家長團體合作發展活動，並支持學校的各項計畫，在此的家長參與是最敏感卻也是最必要的部份。 |
| Perry 和 Tannenbaum | 1992 | 1. 孩子中心模式（child-centered model）：直接讓家長涉入其子女的教育過程，例如家長在家裡參與孩子的學習活動、或參加親師會談等。<br>2. 協力模式（collaboration model）：家長主要透過擔任義工提供學校服務性的協助，理想的境界是與家長形成夥伴的關係。<br>3. 決策參與模式（decisional participation model）：家長參與計劃、政策發展與作決定，這類參與企圖影響政策的制定和獲得管理學校的管道。<br>4. 家長行動模式（parent activist model）：家長團體試圖以較草根性的方式參與學校教育，是弱勢族群要影響學校決策可以採取的策略，但是採取這個策略參與學校教育的家長團體仍是少數。 |
| Muller 和 David | 1993 | 第一，以家庭為基礎的參與；<br>第二，社區活動的參與；<br>第三，對學校活動的參與 |
| Clevette | 1994 | 1. 代表（representation）：指的是家長在學校及日常生活中提供滿足子女各種生理需求之事務，對於學校教育中所需的求學用品都盡力提供，同時去瞭解並回應學校的要求，支持子女在學校中的學習與行為，培養子女的社會技能，在此層次中家長的參與僅限 |

| | | |
|---|---|---|
| Clevette | 1994 | 於參加親師會議、社區會議等，但只代表他自己與其子女。<br>2. 分擔（participation）：指家長扮演家庭教師的角色，包括對於孩子的行為與出席情形，因此所扮演的角色僅是觀衆，家長在學校及家中支持子女並協助子女發展技能，同時整合學校與家庭的學習活動。在此一層級中，家長雖有與教師合作，但對於學校事務的參與並不積極，僅站在消極的配合的角度。<br>3. 參與（involvement）：指的是家長嘗試與學校人員討論有關子女進步的情形，或參加訂定家長、教師與學生三者間共同目標的學習會議；另外，可擔任班級義工與校外旅行或教學的伴隨者；或藉由參與方案、閱讀可協助子女學習與教養子女的教材，來有效地參與子女的教育。在此層級上，家長們對家長參與的概念雖已有初步認知，但在對子女的教育上，仍未達到平等的合作關係。<br>4. 合作（partnership）：保持家庭與學校間的開放性溝通。主動地調停衝突但不干預對子女教育的相關決定。在此層級上的家長參與在於協助教師、行政人員、兒童分享其文化、扮演兒童及學校顧問的角色，並協助學校募款。<br>5. 倡導（advocacy）：在學校會議或學區層級上扮演著決策者的角色，在政策的決定上扮演著諮詢的角色。 |
| 王振興、張善楠 | 1996 | 1. 學習活動的參與：協助改善子女的行為、照顧子女的身心健康、參與親職教育等。<br>2. 課程內的參與：教室內觀察、學習秩序維持的助手、課程與教具的準備、參加課外教學的活動。<br>3. 參與學校日常行政：協助組織學校課外活動、組織家長會、支持及保護學校、支援學校行政工作等。<br>4. 參與學校決策：列席校務會議、出席學校行政會議、參加考評委員會、推動學校改革。 |

| | | |
|---|---|---|
| 張永明、<br>鄭燕祥、<br>譚偉明 | 1995 | 1. 參與個別學生的教育：包括了學校與家長互相提供有關學生的資料，加深了解學生的學習情況；家長作為學生的行為楷模，以助學生的全人發展；以及家長對學生的在家學習積極支持，提供適當的環境、設備及指導。<br>2. 參與有關家長組織：家長組織起來，結合集體的力量，策劃活動，支持學校運作，幫助學校面對危機（例如減班危機）及外來的挑戰（例如對學校和老師的惡意中傷和批評），維護學校的聲譽與權利，支持學校和教師的革新運動。<br>3. 參與學校的日常運作事務：家長幫助籌辦學校開放日，協助課外活動，作為教學助手等。<br>4. 參與學校校務之決策：家長在校董會或其他學校會議內參與有關學校管理及教育的重要決策。 |
| 吳璧如 | 1998 | 1. 非傳統的家長參與型態<br>(1) 擔任義工父母<br>(2) 參加家長委員會、親師協會等會議<br>(3) 協助籌募校務基金或支援教材<br>(4) 參加有關學校決策的委員會<br>(5) 提供可利用的社區資源的訊息。<br>2. 傳統的家長參與型態<br>(1) 告知孩子每年應學習的內容<br>(2) 參加家長座談會、親師座談會等<br>(3) 解釋如何檢查孩子的家庭作業<br>(4) 告知有關學校教務、訓導、及輔導方面的訊息<br>(5) 了解孩子學業成績的評分方式<br>(6) 指定親子互動的作業。<br>3. 與孩子直接相關的溝通<br>(1) 協助了解孩子現在的身心發展情形<br>(2) 告知孩子在校的情形<br>(3) 孩子有問題時的聯繫<br>(4) 孩子表現良好或有進步時的聯繫。 |

| | | |
|---|---|---|
| 林明地 | 1998 | 1. 親職教育方面的參與<br>親職教育座談會、新生座談會，流通教育孩子的資訊，邀請家長協助解決學生問題。<br>2. 溝通方面的參與<br>經由家庭訪問、親師懇談會、電話進行面對面的溝通；透過家庭聯絡簿、信函、成績單、通知、出版品、調查表進行非面對面溝通。<br>3. 擔任義務工作<br>協助交通導護、圖書管理、校外教學、教室教學等。<br>4. 支持學校方面的參與學校舉行各項活動，如運動會、教學參觀日、畢業典禮等，給予熱烈支持。<br>5. 在家指導子女學習活動<br>協助子女完成作業、準備學習資料、談論學校生活。<br>6. 代表他人做決定<br>代表其他家長參與校務會議、教師聘任、選擇教科書等。 |
| 洪麗玲 | 1999 | 1. 在班級事務方面：包括協助班級校外教學、協助班級的清潔美化及維修、協助照顧學生、提供教師教學資源、捐贈班級圖書或設備。<br>2. 在溝通協調方面：包括和老師討論孩子的成長與需要，和教師討論教育理念，經由家庭聯絡簿、班級通訊、學校簡訊等文件交流訊息。<br>3. 在全校性事務方面：包括擔任學校交通導護、參與低成就學生的學習輔導、學校綠化美化工作。<br>4. 在校務決定方面：包括參與學校各項會議，如校務、教務、訓導、輔導等會議，參與遴選教科書，參與甄選、聘任、考核教師以及課程方案的規劃。 |
| 蔡俊傑 | 1999 | 1. 健康生活與生理發展。<br>2. 個人生活與心理發展。<br>3. 家庭生活與家屬關係。<br>4. 學校生活與學業適應。<br>5. 社區生活與社區交往。<br>6. 異性生活與兩性交誼。 |

| | | |
|---|---|---|
| 楊惠琴 | 2000 | 研究者將家長參與分為三個層次：<br>1. 低層次的參與：是指家提供有利於孩子學習的家庭環境，接受學校提供的資訊，想辦法瞭解孩子在學校的學習情形。他也可能到學校參加親師會議、運動會、園遊會等，但所關心的對象只有自己的孩子。<br>2. 中層次的參與：是指家長到學校中參與學校事務，受益的不再只是自己的子女，但是其角色是配合的、協助的、支援的，主導權仍在學校人員和老師，並未達到平等的合作關係。<br>3. 高層次的參與：是指家長透過督導或倡議團體，對學校的計畫和運作提出建議，或甚至享有與學校人員同等的決策權，逐漸發展成平等的合作關係。 |
| 譚德玉 | 2001 | 1. 父母基本義務的責任－提供子女有利於學習的家庭條件<br>2. 學校基本義務的責任－學校對家庭的單向溝通<br>3. 家長參與家庭中的學習活動<br>4. 家長參與學校活動<br>5. 家長參與督導與倡議 |
| 佘豐賜 | 2002 | 1. 親職教育，指教養技巧的促進和支持，包括親職座談會、新生座談會、親職教育資訊與網路、協助解決學生問題等。<br>2. 溝通協調，指和老師或學校人員討論孩子的各種需要或教育理念，包括家庭訪問、親師懇談、電話及文件溝通、面對面溝通。<br>3. 擔任義工，指提供教師或學校各種義務性協助或服務，例如教室教學義工、圖書館義工、導護義工、校園安全義工、校外教學義工、輔導義工、園藝義工、社團義工、特殊義工等。<br>4. 家校合作，指家庭與學校密切結合，充分利用家庭、學校、社區資源來強化學生學習效果，包括協助學校辦理各種活動，如運動會、畢業典禮、成果展覽會、教學參觀日等。 |

| | | |
|---|---|---|
| | | 5. 教導小孩，指父母在子女學習上，扮演全方位的支持角色。<br>6. 決策倡導，指參與任何影響學校或決策、想法的活動，包括學校家長會、班級親師協會、教務會議、教師評議委員會、教師甄選會議、課程規劃設計、教科書遴選等。 |
| 吳璧如 | 2003 | 1. 協助學校，指母親參加學校或社區活動、會議。<br>2. 家庭本位的參與，指母親對於子女的生活管教及學習指導等。<br>3. 參加活動或會議，指母親參加學校或社區活動、會議等。 |
| 陳丁魁 | 2003 | 1. 「校外參與」包括在家為子女佈置有利於成長與學習的家庭環境、提供子女在校所需的用品、家長與教師間的溝通與聯繫、在家個別教導自己小孩、溝通（分為面對面、書面或非面對面溝通）、及有組織的支持學校。<br>2. 「校內參與」包括學校邀請家長到校參與校內的活動、接受親職教育課程、在教室觀察子女上課情形、或協助教學活動的進行、擔任義工、與代表其他家長參與學校的決策、參與課程的發展，以及社區資源的交流等均屬之。 |

## （二）以參與角色區分

美國的親師協會（The National Parent-Teacher Association, 1987）指出，家長可在學校教育的參與上，扮演教育上的參與者、學校的義工與支持者、決策的參與者三種角色。Berger（1987）則將家長參與的角色更細分為五種：

1. 旁觀者（spectators）——家長視學校為專業的，能為子女的教育做最佳的處置，因此這類的家長只站在觀察的角度來看待學校對子女教育上的處置，並不參與學校的事務。
2. 附屬的義工（accessory volunteers）——家長可扮演學校附屬義工的角色，藉此以提供與教育過程無關的必要服務，並且通常只適合於特色的時間與活動，如辦理宴會等活動。
3. 教學方案資源（volunteer resources）——此類的家長通常會擔任義工或學校中的支薪人員，會參與教育及課程的發展，亦會不定期的與學生及教師們分享他們的專業知識。
4. 決策者（policy makers）－家長會透過各種組織來參與學校事務。家長對政策有了控制權，因此所做出的決定會直接影響到其子女所就讀的學校。
5. 自己子女的教師（teachers of own children）——透過瞭解學校中正規教育過程，家長可以加強其子女的非正規教育。

到了 1991 年，Berger 接著指出，家長參與的程度，由積極的合作者到消極的支持者至少包括五個層次：

(1) 家長是教育目標的支持者；
(2) 家長是家庭與學校的聯絡者；
(3) 家長是學校的義工；
(4) 家長是教育的決策者；
(5) 家長是合作者與教育的領導者。

相關國內研究中，蔡俊傑（1999）則認為父母參與的角色扮演應包含四種角色：

(1) 溝通者：父母是學校教師與子女間的溝通人員。

(2) 教育者：除了教師外，父母也是子女的教育人員。

(3) 支持者：父母是子女生活、精神上的支持人員。

(4) 輔導者：父母是子女內心深處傾吐的對象，是扮演精神、心靈的輔導諮商人員。

陳丁魁（2003）綜合整理相關研究後，指出家長參與子女學校教育時可分為以下六種角色：

1. 家長像觀眾：最傳統的一種參與方式，透過兒童書面的傳遞與家長協商，或是家長到教室與教師溝通。
2. 家長擔任義工或副手：如可以幫忙教室佈置、安排座位、收費、收集材料及實驗器材等。
3. 家長是自己孩子的老師：通常是在自己的家裡，家長學習到如何教育自己的小孩，協助孩子獲得技能以完成家庭作業，還包括計畫的擬定、教材和學習材料的選擇、看顧及評量等工作。
4. 家長是學習者：參加講習會及相關的親職教育，家長可基於本身的需要，主辦各種親職教育活動，或為學校約僱有專長的家長，以發揮他們的專業技能，擔任學校各項工作。
5. 家長是參與決定者：透過家長會的組織參與學校會議，可以支持或反對學校各種計畫、方案、課程及人事等學校相關的事務，與教師擁有相同之參與權與表決權。
6. 家長是倡議者：家長能提出建議或看法，提供校長或老師參考，主要決定權仍掌握在學校當中，具有倡議者的角色。

## 三、小結

本研究根據研究目的，綜合相關研究與學者對於家長參與的內容與角色定義，將新移民女性參與子女學校教育分為以下三個內涵：

### （一）家庭本位式參與

家長的角色為家中的老師、陪同學習者。其參與的內容包括子女在家中的指導課業以及非課業的學習活動。如提供子女學習所需要的文具用品、設置家庭環境支援兒童在不同年齡及年級階段學習需求、協助子女完成作業、準備學習資料、談論學校生活等。

### （二）協助式參與

家長的角色為學校的義工與支持者。家長主要透過擔任義工提供學校服務性的協助，理想的境界是與家長形成夥伴的關係。其參與的內容包括課程與教具的準備、支援學校行政工作、協助交通導護、圖書管理、校外教學、教室教學以及學校各項活動等。

### （三）決策式參與

家長的角色為督導者與決策者。其參與的內容包括參與學校行政及課程的發展、經由參與學校中的組織、家長會來參與學校決策的過程與決定。家長參與計劃、政策發展與作決定，這類參與企圖影響政策的制定和獲得管理學校的管道。如列席校務會議、出席學校行政會議、參加考評委員會、推動學校改革、教師聘任、選擇教科書等。

## 貳、家長參與的法源基礎

家長參與子女學校教育之權利，乃源於憲法第二十一條人民有受國民教育之權利與義務，對未成年子女受教權之保護。就我國憲法第二十一條規定之國民教育基本權利言，學生是其基本權利主體。教育基本法第二條也規定，人民為教育權之主體。因此，學生作為教育基本權的主體，家長、教師及國家只是因為學生在尚未具完全成熟之理性時，成為保障教育基本權利實現的參與者，有關家長的教育權或教師的專業主權，之所以受到保障，其主要目的乃在於實現學生教育基本權。

本書將在本研究期間之有關於政府所訂定與家長參與有關的法令，加以探討如下：

### （一）民法第 1084 條

就法令的層面而言，父母教育子女的權利是建立在親權的基礎上，因為，在民法第 1084 條第二項中規定父母對於未成年之子女，有保護及教養之權利義務。依據這一項法令的旨意，父母對未成年子女的權利不只是消極的在身體安全、學習發展活動的保護，更積極的要以教育及養護的手段，以改善其學習環境，提昇學習的品質，在其成長的過程中，給予必要的協助與支持。進一步而言，家長為了使孩子的學習活動能順利推動，應該要積極的介入孩子的學校教育課程設計及決策。因此，這一項家長對子女親權的規定，可說是國內家長參與的第一項法源根據（吳璧如，1998）。

### （二）台北市及台灣省的家長會設置辦法

為了使學校與學生家庭獲得密切聯繫，共謀教育之健全發展，台北市在 1994 年通過了新的家長會設置辦法，該法的主要特色有下列四點（洪麗玲，1999）：

1. 確定家長參與學校事務的法定地位：明訂家長可選派家長委員 1 至 3 人參與學校校務會議。
2. 家長會擁有獨立自主的運作空間：家長會可以自行訂定組織的章程、會議召開的程序、管理財務與遴選幹部等因地制宜的彈性。
3. 強調學校與家長的平等地位：家長會的功能增強，可以參與教師的遴選聘任、也可列席校務會議，並可藉由對校務的參與，發揮制衡的作用，監督學校的校務運作情形，強化學生學習的品質，在地位上是與學校平等的單位。

台灣省政府在 1997 年 9 月 3 日頒布了台灣省各級學校學生家長會設置辦法，在這項辦法中，對家長參與學校事務的項目，如：

組織班級家長會、會員代表大會、家長委員會、常務委員會等，都有詳細的說明及規範，更為明確而具體地肯定家長參與的合法性。

### （三）教師法及其子法

在 1995 年 8 月 9 日所公布的教師法，其中第十一條規定，教師評審委員會之組成，應包含教師代表、學校行政人員代表及家長會代表一人；再者，在 1996 年 10 月 24 日公布的高級中等學校教師評審委員會設置辦法，第三條有關委員會的組成方式規定，教師評審委員會的成員，必須有一名家長會的代表（教育部，1999）。由於教師法是為了明定教師的權利和義務，保障教師的工作與生活，以提昇教師的專業地位而設立的重要執行準則，其中有關教師的聘任是直接攸關教師的工作權益，更影響學生學習品質，在這項教評會設置辦法中，家長代表被列為必要的當然委員。

### （四）教師輔導與管教學生辦法

教育部於 1997 年 7 月 16 日依據教師法第十七條的規定，訂定了教師輔導與管教學生辦法，其中下列的幾條規定，很明確的指出家長參與的必要性：

1. 學校應邀集校內的相關單位主管、家長會的代表、教師的代表及學生的代表，依據這項辦法的規定，共同訂定學校輔導與管教學生要點，以為學校輔導與管教學生的依據（第 21 條）。

2. 學校為處理學生獎懲事項，應設學生獎懲委員會。其組織、獎懲標準、運作方式規定，學校應邀集各相關單位主管、家長會代表、教師代表及學生代表共同訂之（第 22 條）。
3. 學生獎懲委員會審議學生重大違規事件時，應秉公正及不公開原則，瞭解事實經過，並給予學生當事人或家長、監護人陳述意見之機會（第 23 條）。
4. 學生獎懲委員會為重大獎懲決議之後，應做成決定書，並記載事實、理由及獎懲依據，通知學生當事人及其家長或監護人，必要時並得要求家長或監護人配合輔導（第 24 條）。
5. 學生因重大違規事件處分後，教師應追蹤輔導，必要時會同學校輔導單位協助學生改過遷善。對必須要長期輔導者，學校得要求家長配合並協請社會輔導或醫療機構處理（第 25 條）。
6. 學生對學校之管教措施，認違法或不當致損害其權益者，得以書面向學校申訴，學校應成立申訴評議委員會處理，其組織及評議規定，應由主管教育行政機關邀集家長會代表、地方教師會代表或教師代表及相關人員等共同訂之（第 26、27 條）。
7. 學生受開除學籍、退學或類似此處分，足以改變學生身分，致損及其受教育權益者，經向學校提出申訴未獲救濟，得依法提出訴願或行政訴訟；前項學生申訴得由家長或監護人代理之（第 28 條）。

### （五）國民教育法

1999 年 1 月 14 日所公布的國民教育法部分修正條文，在保障家長參與校務的機會方面，也提出了具體的規定，例如，在組織校長遴選委員會時，家長會代表的名額，不得少於五分之一（第九條之六）；在設置校務會議議決校務重大事項時，家長會代表為必要的成員之一（第十條之一），在上述校務會議的重要事項，尚可包括對教科圖書的選用，就此而言，家長在學校重要事務的參與，已包含了人事權的決策，課程決定權等，在校務的推動上，產生相當大的作用。

### （六）教育基本法

在 1999 年 6 月 23 日所公布的教育基本法中，很明確的指出家長參與在學校教育的權利。

1. 人民為教育的主體，教育之目的以培養人民健全人格……，使成為具有國家意識與國際視野之現代化國民，為實現教育之目的，國家、教育機構、教師、父母應負協助之責任。（第二條）
2. 國民教育階段內，家長負有輔導子女之責任；並得為其子女之最佳福祉，依法律選擇受教育之方式、內容及參與學校教育事務之權利（第八條）。

## （七）國民教育階段家長參與教育事務辦法草案

教育部（2005）為了回應及補充教育基本法之規定、符合家長的殷切期望、展現教育權利之保護、提供行政的支持體系以及建立參與的參照架構，乃於 2005 年 3 月 22 日公告國民教育階段家長參與教育事務辦法草案。該草案全文共 16 條。其架構為：

1. 界說家長之定義（草案第二條）。
2. 明定家長參與教育事務基本參與原則（草案第三條）。
3. 明示家長維護子女學習權應負之責任（草案第四條）。
4. 明定教育選擇權之範圍及內涵，並授權地方政府另訂行使辦法。（草案第五條）
5. 明訂各層級家長組織成立及運作之程序，並課以主管教育行政機關及學校協助家長會正常運作之責（草案第六條）。
6. 規定學校應主動提供及告知家長有關資訊，並規定家長了解教育資訊之範圍、獲得之方式與程序（草案第七條）。
7. 規定主管教育行政機關有主動提供及告知資訊之義務（草案第八條）。
8. 明訂家長對學校事務提出意見之方式及程序（草案第九條）。
9. 明示對學生事務申訴之原則規定。並授權由地方政府規範行使程序（草案第十條）。
10. 規定舉辦家長日、家長參與討論與參觀教學（草案第十一條）。
11. 規定家長個別參與及其參與程序與方式（草案第十二條）。
12. 規定家長代表行使團體親權之方式（草案第十三條）。

13. 明定學校家長會組織運作之自主權（草案第十四條）。
14. 明訂地方政府協助家長組織運作之行政責任(草案第十五條)。

綜上所述，關於國內家長參與的法源，民法第 1084 條中對子女教育權的維護，強調家長在孩子教育上的積極作用；台北市及台灣省的家長會設置辦法明訂家長參與的項目、規範家長組織的辦法等，進一步肯定家長在孩子教育的地位；教師法中規定家長參與教師評審的正當性，賦予家長在教師任用過程中的參與空間；教師輔導與管教學生辦法的內容更指出家長在學生行為輔導之責任，強調家長參與在孩子教育過程中的必要性；國民教育法也規定家長在學校人事任用的決策及課程決定的參與權；教育基本法則把家長對子女的教育選擇權、輔導權及參與權，做了明確的規範。而教育部（2005）於 2005 年 3 月公告國民教育階段家長參與教育事務辦法草案條文及總說明中，首度明文規定家長有責任參與班級、學校家長會，各校每學期都要舉辦家長日，供家長與教師溝通課程、教學方式，並計畫自 94 學年度起實施，假以時日，家長參與不再只是家長的權利，也是責任。

## 參、家長參與的重要性

家長參與子女教育是必要的（譚德玉，2001），社會變遷影響了教育的發展，家長參與逐漸受到重視，主要是受到五個教育潮流的影響：第一、社會的多元化，以往家庭與學校壁壘分明的關係受到揚棄；第二、教育危機狀況的出現，開始思考學校如何與其他機構共同分擔教育的責任，尤其是家庭；第三、全面品質管理風潮興起，重視學校教育的顧客(家長與學生)；第四、科層集權的教育行政體制缺乏改善的能量，學校本位管理較能適應當前社會的需要；第五、關起門來辦教育已落伍，學校公共關係受到重視（郭明科，1997）。家長參與可以加強家庭與學校價值的連續性、強調家長乃小孩子的首位教師、顧及學校生存的目的、協助學生適應現代社會的高度複雜性以及凸顯家長參與是家長的一項權利（林明地，1998、1999、2001）。

至於家長參與的重要性則為：一、了解家長的需求：尤其參與學校教育事務的相關會議和討論，可真正了解家長對學校的需求與監督，藉此改善教育的品質。二、促進家長與學校的對話溝通：可增進課程與教學活動的推展，達到三贏的局面（學校－教師－家長）。三、協助教學活動的推展：學習活動的成功有賴家長的合作，適時的引進家長共同參與學童的學習活動設計與推動，是必須的，畢竟雙方的努力皆是以學童的需求為考量（丁金松，2001）。

本書參考相關文獻之後，將家長參與的重要性整理如下：

## 一、家長參與是家長的責任

家長要為子女的教育成敗負責任，當父母在推卸教育子女責任時，也顯示出對孩子冷漠、疏離的態度（譚德玉，2001），由此可知將會對子女學習態度造成多深遠的影響。聯合國兒童福利宣言第

7 條第 2 項指出家長有責任教育及指導兒童者，且以兒童之最佳利益為其指導原則（楊惠琴，2000）。美國全國優越教育委員會也提醒家長：「因為你是你孩子最重要的老師，你的子女對教育的看法和意義是由你開始，你有責任積極參與你子女的教育」（李義男，1995，頁 370）。

## 二、家長參與是家長的權利

Cocking（1952）認為學校是由納稅的家長所支持的，因此，在學校的運作與對子女的教育方式上家長有權參與學校的決定。

## 三、有助於子女的發展

盧焜煌（2003）從學業、智力、行為及情感三個層面探討家長參與對子女教育的影響，本研究亦從此三個層面探討家長參與對子女發展的重要性：

### （一）學業方面

家庭因素影響孩子的能力和成績，而家長的參與度是決定學生學業成就的關鍵因素之一，家長的參與使得學生作業完成情形良好，而且在閱讀的成績也比較好，也就是說，家長的參與和孩子的學業成就有正向的相關，且並不會因科目的不同而有所差異，且具有持續的作用，有助於孩子日後求學（盧焜煌，2003）。

## （二）智力方面

Henderson（1988）認為家長在孩子的家庭和學校環境中，扮演著決定性的角色，對孩子智力的啟發有積極正向的作用。大多數的學者皆強調早期介入的重要，認為早期的家長參與，比任何時期的參與都來的重要（Brock, 1976）。

## （三）行為及情感方面

美國國家親師協會指出，當學校和家庭一起支持孩子的學習，孩子會比較趨向成功，家長參與也能強化學生的正向態度和行為，事實上，孩子大部分的行為或是習慣不是在學校或是社會中學得到的，而是在家庭中發展的（引自盧焜煌，2003，頁 34）。國內外學者的研究認為有家長參與者比沒有家長參與者的孩子會有比較好的學習或生活態度及行為（Henderson & Berla, 1994；Mucha, 1987；Peterson, 1989；Tangri & Moles, 1987；洪麗玲，1999）。

Revicki（1981）在不同家庭背景變項和學生學習關係的結論主張，家長參與能使學生提升自我概念，Brown（1989）在一項家長參與的研究報告中指出，家長參與對學生的好處是強化孩子的自我評價，林明地（1999）也認為家長參與可增強學習動機與自尊心、塑造正面而積極的態度與行為、提高出席率等。

### 四、家長是教育事業的合夥人

九年一貫課程強調學校本位的管理，亦認同家長是教育的合夥人，家長應與教師共同負起教育子女的責任。換句話說，九年一貫課程實施成功與否，家長參與是關鍵，而家長藉由參與學校事務，除了更了解學校的各種作為，也更能接近孩子的學習核心，更了解孩子的需求（陳丁魁，2003）。

## 肆、家長參與與背景變項之相關研究

### 一、子女性別

子女性別和家長參與學校教育行為的關係研究上，研究發現家長對男孩之教育關注較女孩更為積極（吳璧如，1998；張怡貞，1998），這表現出「重男輕女」的心態仍存在於家長對子女學校教育參與上（林俊瑩，2001）。但在較高層次的校務決策參與上，吳璧如（1998）則發現子女性別對家長的參與情形並沒有顯著差異。相關研究多揭示父母對男孩的教育期望要比女孩高，且父母對男孩、女孩的差別期望具有很高的一致性（周裕欽、廖品蘭，1997；蔡淑鈴，1987），可能進而影響家長去參與子女學校活動。Xie 與

Hultgren（1994）的研究就指出，相較於女兒，父母對兒子有較高的期望，同時也會給予兒子較多的才藝訓練和教育，並認為兒子的成就代表家庭的光榮與父母的教育成果，及能為父母贏得他人的讚美和代表家庭在社會的地位。但楊惠琴（2000）針對為臺灣省設有一般能力資優班或資優資源班國小之資優生家長研究家長參與情形時，子女性別因素對家長參與學校教育的影響並不顯著。

## 二、子女年級

在子女年級和家長參與學校教育行為的關係研究上，鄭佳玲（2000）的研究指出，幼稚園兒童之性別是影響家長在參與學校教育上的重要因素，Eccles 與 Harold（1993）認為，孩子上國中後，父母參與會比國小參與時明顯減少，一方面因為孩子較傾向於同儕，不喜歡父母參與其學習活動；另一方面，父母可能不再有能力對孩子做課業上的輔導。黃凱霖（1995）也指出，隨著子女年級的升高，課程內容逐漸加深，或受限於父母本身能力的限制，而使得家長對子女的學習參與逐漸減少。

## 三、社經地位

社經地位（socio-economic status）亦稱社經水準（socio-economic level）、社經背景（socio-economic background）、社會地

位（social status）或社會階層（social class）（楊國樞，1986）。社經地位（socio-economic status）係指為以經濟、財富及職業等標準而區分的社會地位（張春興，1992）。一個家庭的社會經濟地位，是現代社會中，用來區分社會階級的重要指標，學者常因不同的觀點而使用不同的指標，通常以職業地位高低、收入高低、教育程度、社會上的聲望及影響力等作為社經地位的評量標準（黃毅志，1996）。大部份的研究者都以家長教育程度、家長職業類別及家庭收入等客觀標準做為家庭社經背景的主要指標（吳幼妃，1982）。一般而言，若父母親接受教育的年限越長或階層越高，從事的職業越具專業性、管理性或技術性，家庭的收入會越高或經濟能力越強；反之，則其家庭收入較低或經濟能力較弱。而也有研究者認為家庭收入較為敏感，並考慮到中國人的民情，對於家庭收入方面，可能不會根據實際情形來填寫（邱騰緯，2000），建議不應以家庭收入為指標，鄒浮安（1994）亦認為家庭社經地位之測量，宜採用父母教育程度、職業或兩者合併為指標，以免影響研究效度。

社經地位會影響家長參與子女教育（楊惠琴，2000；簡加妮，2001），當家庭社經地位愈高的家長，會和學校教職員工有較好的互動關係，在參與子女學校活動的表現上會表現愈積極（Lareau, 1987；李明昌，1997；林義男，1988）。低社經地位的家長較少和學校接觸，而當低社經地位家長和學校接觸時，大多是學生發生負面行為，不得不出面的時候。而且當學校對文化背景不同的家長作相同的要求時，可能使低階層家長感到力有未逮；或教育機構會在無意中貶低了低階層家長的參與潛力，被忽視的家長多數變得被動不積極，可能因此對於參與子女教育失去信心和興趣，甚至會採取了放棄的態度（Davies，1987）；低階層社經地位的父母與教師互動時缺乏自信，甚至逃避某些與教師會面的機會（何瑞珠，1999）。

## 四、母親國籍與華語能力

國籍與華語能力密切相關，故在此合併討論。雖然母親參與子女學校教育的程度高於父親（王淑如，1994），但對於新移民女性而言，不同原生國的文化背景之下（蔡奇璋，2004），受限於語言文字的使用，使其在參與子女課業學習活動較有困難（謝慶皇，2004）。盧秀芳（2004）的研究結果亦指出，新移民女性在參與子女學校教育時，對於學校老師特別信任及依賴，但受限於語言能力，親師溝通障礙也較多。

## 伍、小結

我國傳統文化崇尚尊師重道，家長甚少介入學校教育活動，教育事項完全交由學校負責（吳彣雪，2003），然而，隨著社會的多元化與教育改革積極在進行，家庭與學校的關係不再是壁壘分明（郭明科，1997）。家長參與子女學校教育，可以使家長多關心孩子在學校的表現情形，亦能促使家長與學校雙方共同為學童之教育負責（高曉婷，2004），並且有助於提升學童之學業成就（盧焜煌，2003）。因此，新移民女性參與其子女學校教育實有其重要性，然而大部分的新移民女性結婚後便立即懷孕生子，面對不同的文化與語言的差異，要適應在台灣的新生活已經相當辛苦（李萍、李瑞金，2004），因此，在面臨參與子女學校教育上，可能會更力不從心。

## 第三節　學業成就理論與相關研究

### 壹、學業成就的定義

學業可以指國語、數學、自然、社會等領域，也可以指與傳統中有關於非工具性活動不同之工具性活動；成就則指由正式課程、教學設計之特定教育經驗而獲致的知識、理解和技能，依此，學業成就可以定義為個體由學校教學中所獲得的訊息、知識和技能（石培欣，2000；陳作忠，2003）。何美瑤（2001）則指出學業成就是學生在學校裡經由一定的課程、教材，透過學習後所獲得的知識和技能，通常是以學校考試成績或由學業測驗上所得的分數代表。

### 貳、學業成就的評量方式

課程與教學的改革肯定是我國近年來教育改革工程的核心議題（林清江，1998），我國自九十學年度起逐年實施九年一貫課程，將小學六年、國中三年採直線式縱向的一貫設計（方德隆，1998），總目標在培養學生具備「帶著走的基本能力」。所謂的基本能力，係指學生在學校應該習得的重要知識、技能和素養，俾用於適應未來的社會生活（吳清山、林天佑，1998）。為培養國民應具備之基本能力，我國將國民教育階段課程以個體發展、社會文化及自然環境等三個面向，分為語文、健康與體育、社會、藝術與人文、數學、自然與生活科技及綜合活動等七大學習領域（教育部，2000）。

學業成就有以標準化語文、數學及混合成就測驗為主要的評定方法，亦有以學業總平均為主（White, 1982）。評量的方式有很多，陳美娥（1996）將學業成就評量方式分為標準測驗、教師自編測驗、行為觀察、作業考查、及其他五種分類。而教育部國民小學及國民中學學生成績評量準則中，則明定國民中小學學生成績評量，應視學生身心發展及個別差異，依各學習領域內容及活動性質，採取筆試、口試、表演、實作、作業、報告、資料蒐集整理、鑑賞、晤談、實踐等適當之多元評量方式，並得視實際需要，參酌學生自評、同儕互評等評定（教育部，2004b）。一般而言，學校期末的學期成績，是最常被使用於評定學生學業成就表現的工具，而且是最容易被了解的一個指標，可清晰的傳達學習的結果與目前能力狀況（王文中等，1999）。

教師對於教學評量的方式應落實多元化、個別化及適性化評量，並且要把握下列基本原則（張清濱，1997，頁 349-353）：

一、評量應根據教學目標；

二、評量應兼顧認知領域、技能領域及情意領域；

三、評量應適應學生的個別差異；

四、評量是繼續不斷的過程；

五、評量應兼顧過程與結果；

六、評量應在各種不同的情境中實施；

七、評量應運用各種不同的方法；

八、評量應是師生共同合作的過程；

九、教師應提供學生自我評量的機會；

十、評量應與教學密切結合。

## 參、影響學業成就的因素

了解影響學生學業成就的因素，將有助於增進學習效果，解決學習困難（李美瑩，1994）。影響學業成就的因素，可分為智力與非智力因素，除了智力因素外，影響學業成就的非智力因素為何，則是見仁見智（張春興，2003）。除了智力因素之外，影響學業成就的非智力因素大致可以歸納為四點：1.生理因素：如個人的一般身體狀況，身體機能的障礙。2.心理因素：如個人的動機、態度與學習習慣等。3.社會因素：如家庭背景、父母職業、教育程度、教育態度及社區的文化價值等。4.教育因素：如教學方法、課程與教學等（郭生玉，1973）。

再者，除了先天的資質，子女教育經費的擔負能力、家庭結構、價值觀念、語言類型、教養方式等非智力因素是影響學生學業成就的重要因素（林生傳，1976），兒童的天賦能力之外，兒童的家庭生活、家庭訓練方式、兒童所受學校教育的性質以及兒童在家庭及學校生活經驗中所形成的自我觀念和抱負水準，是影響兒童學業成就的主要因素（吳裕益，1980）。

影響學生學業成就因素分為內在因素與外在因素，內在因素包括個體的智力、動機、與人格；外在因素則包括教學方法、學習團體、與教師的影響等（王文科，1991）。此外，影響學業成就的因素有教育態度、物質條件、價值觀念及語言類型等四個因素（陳奎熹，1991）；影響學生學業成就的因素尚包括性別、出生序、家庭社經地位、個人的人格特質、自我概念、動機、情緒、態度、興趣、價值經驗、期望與智力、教材、教法、學習團體及教師的影響、社會技巧、家庭環境、社會階層，以及在情境中接觸的人、事、物等種種刺激（陳江水，2003）。

歸納上文所述，影響學業成就的因素大致可以分為個人、環境兩大方面：

1. 個人因素：包括個體的生理與心理因素。
2. 環境因素：包括家庭環境因素、學校教育、社會因素。

本書在個人的因素方面，以學生的性別與年級為變項；而在環境因素方面，針對新移民女性的家庭社經地位、母親國籍與華語能力來探討，以及從新移民女性參與子女學校教育的情形來探究與學業成就的相關性，至於學生的心理因素與社會環境的因素則不在本研究討論範圍之內。

# 肆、學業成就與背景變項之相關研究

## 一、學生性別

性別是由先天基因所決定，而性別因素會對學生的學業成就產生影響。徐慕蓮（1987）針對國小一年級學童做的研究發現，男、女生的學業成就並無顯著差異。Echols（1992）、Sriampai（1992）同樣也是針對國小學童做研究，也有相同的發現，性別與學業成就並無顯著相關。

然而也有諸多研究指出，不同性別的學童在不同求學階段會有不同的學業成就。在小學階段而言，女生的學業成就優於男生（吳裕益，1993；張春興，2003；陳翠華，1996），尤其以國語科最明顯（吳裕益，1993；陳翠華，1996），但是男生在數量及圖形兩部分的學術性向得分則稍優於女生（Felson & Trudeau, 1991；吳裕益，1993）。然而在小學階段之後，女生在語文能力方面的優勢逐漸消失，反倒是男生在數學能力方面的優勢持續增加，（引自張春興，2003，頁 381），陳怡君（1994）在對台北區的高中學生所做的研究也有相同之結果。

綜上所述，性別對於學生的學業成就無確切的定論，本研究將新移民女性子女性別納入研究變項中，探討其因果關係。

## 二、家庭社經地位

家庭背景會透過中介變項影響學校經驗，最後再影響到學習結果，其中家庭社經地位通常被當作預測學業成就的指標。許多研究均顯示，家庭社經地位越高，對子女教育越有利。其可能原因在於高社經地位的父母，較有能力提供豐裕的教育資源，進而有利於子女的教育成就（巫有鎰，1997；孫清山、黃毅志，1994；蔡淑玲、瞿海源，1988）。

家長的社經地位直接或間接地透過各種不同形式的方式影響學生的學業成就（周新富，1999）。張建成、黃鴻文與譚光鼎（1993）也認為，家長的教育程度會透過家長的職業地位、再透過家庭的文化條件與家長的教育態度，間接影響子女的教育成就。Cuttance（1980）以國小兒童為研究對象指出，與學業成就有關的家庭因素為社經背景、父母教育程度、父母職業、教育期望及父母對學校的態度，父母教育程度越高對子女的學業水準越高，因為有較高學歷的父母比較有時間與能力輔助子女的課業。也就是說，家長社經背景導致不同階層的教育價值觀，而家長教育價值觀又導致不同的教育期望，以及不同的學習結果。

茲將研究對象為國小學童者，在家庭社經地位與學業成就間之關係之相關研究整理如表 2-3-1：

表 2-3-1　家庭社經地位與學業成就之相關研究整理

| 研究者 | 年份 | 研究結果 |
| --- | --- | --- |
| Bowles 和 Gintis | 1976 | 對於學業成就的影響而言，父母的社經地位遠比兒童本身的智商來得重要。 |
| 林生傳 | 1976 | 發現家庭社經地位等 24 個因素與青少年之學業成就具有顯著相關，其中尤以家庭社經地位與學業成就之相關最高。 |
| Benbow 和 Stanley | 1980 | 1.父母教育程度及生活水準均高。<br>2.父母職業類型與教育型態與子女智能及學業成就有關，尤其是父親的教育。 |
| 林淑玲 | 1981 | 家庭社經地位對國小一、三、五年級兒童之國語、數學、自然、社會及總平均學業成就均有顯著影響。 |
| 林繼盛 | 1982 | 其研究的結果顯示，社經地位與學業成就的相關有顯著的性別差異，即女生組的學業成就受家庭社經地位的影響較大。 |
| 林文達 | 1983 | 在國小階段，社會階層愈高者，會更加關注子女教育，在物質設備上給予子女有利安排，其擔負教育經費的能力也高。 |
| 陳正昌 | 1994 | 學生之家庭地位與學業成就有顯著相關存在，家庭地位愈高，學生的學業成就也愈高。 |
| 陳翠華 | 1996 | 家庭社經地位、父母教育期望與學業成就的相關皆達顯著水準；不同性別、不同家庭社經地位在學業成就上並無顯著交互作用存在；不同社經地位的學生在學業成就上亦有顯著差異存在。 |
| 張善楠和黃毅志 | 1997 | 除了家長管教態度及家庭完整性兩家庭背景變項不影響兒童學業成就之外，其餘變項（家長職業水準、教育程度、教育期望水準、教育態度）均會與兒童的學業成就有顯著正相關。所以社經階層較高的學生，學業成就優於社經階層較低的學生。 |
| 鄭淵全 | 1997 | 不同社經地位、學校背景之教育環境、學生能力及學業成就有差異存在。其中社經地位與家庭環境可解釋學業成就變異量之 25.33% |
| 魏麗敏 | 1999 | 母親學習支持、社經地位、學習動機、家長評定家庭氣氛、年級等五個變項對於學業成績具預測作用。 |

## 三、母親國籍與華語能力

周天賜與吳武典（1980）指出，社經地位較低的兒童，入學時的學習準備不足，在家中無法學到正確的發音、文法及句型，以至於語言品質差、語型不當、詞彙貧乏。有限的語言能力限制了表達能力及思考方式的發展。林繼盛（1982）比較花蓮市區與郊區國小學生學業成就及其影響因素時發現，家庭語言互動與學業成就有顯著的相關，家庭語言互動的情境、所使用的語言品質、父母所用的語言類型都會影響兒童的學業成就。盧秀芳（2004）在探討新移民女性子女的家庭環境及學校生活適應時發現，新移民女性是影響其子女語言發展的關鍵人物，而外籍新娘子女口語表達能力不足會導致其在學校生活困難重重。

新移民女性由於本身的國籍不同以致於華語能力不一，若如上所述，有限的語言能力可能影響學業成就的發展，此為一值得研究的背景變項之一。

## 四、家長參與

家長參與子女學校教育愈積極，愈能提高學生的學習成就（Epstein, 1997；Luchuck, 1998；Phillips , 1992；Snipes, 1995；吳璧如，1998；歐陽誾，1989），Henderson 與 Berla（1994）蒐集 66

篇研究報告，經其整理發現：家庭的積極參與是促進兒童成就的有效方法。當父母親在家庭參與子女的教育學習，孩子在學校的表現會比較好。當父母參與孩子在學校的學習，孩子在學校的學業成績會更進步。父母對子女的參與程度越高、越關心，孩子的學業表現會越好。換言之，家長的參與和孩子的學業成績成就有正向的相關，家長參與在學生學業成績有積極的功能（盧焜煌，2003）。茲將家長參與對學業成就之影響的相關研究發現整理如下表 2-3-2：

表 2-3-2　家長參與與學業成就相關研究整理

| 研究者 | 年份 | 研究發現 |
| --- | --- | --- |
| Linney 和 Verberg | 1983 | 較高成就的學生，父母較有積極、關注以及參與。 |
| 吳武典和林繼盛 | 1985 | (1)父母與學校聯繫的程度與兒童的學業成就、學習態度、成就動機和努力，均有顯著的正相關（r=.28~.74）；(2)在控制智力因素的情況下，學童的學業成就與生活適應因父母與學校聯繫程度而有所不同，聯繫密切者顯然優於較少聯繫者；（3）根據家庭因素預測兒童學業成就，除去社經地位後，家庭氣氛（包括父母的教育態度、父母期望水準、家庭學習環境、家庭語言互動、家庭社會氣氛）仍能解釋 46%~61%的成就總變異量。 |
| Hendersen | 1987 | 有效的參與方案是具有下列幾點假設<br>一、最主要的教育環境是來自家庭。<br>二、當家長參與學校教育會使低收入戶、弱勢族群等的學生，得到更多的幫助。<br>三、家長參與的益處並不僅限於學前教育或者是小學教育，甚至還可以延伸到高中。<br>四、對於改進學校教育的效能、學校教育品質及學生的學習成就，是家長參與學校教育最主要的原因。 |

| Coleman | 1988 | 父母為子女學習所提供的資源與支持，如對子女教育的關心、與子女正向的互動、和學校教師的聯繫，關心子女在校的學習情形，都會影響兒童的學習成果。 |
|---|---|---|
| Ginsburg 和 Bronsteinz | 1993 | 較高程度的父母對家庭作業的監督、父母對學業成績的反應與受試兒童的外在成就動機取向及低學業成就有密切關聯。另一方面，父母對受試兒童成績的鼓勵與內在成就動機密切相關，自主與支持的家庭型態也與內在成就動機及高學業成就有顯著相關。 |
| Henderson 和 Berla | 1994 | 父母在家庭中參與子女的學習則其子女在學校的表現會愈好。 |
| Grolnick 和 Slowiaczek | 1994 | 父母參與子女學習與其子女學業成就密切相關，其積極影響的效果且擴及各個年齡層。 |
| 黃凱霖 | 1995 | 父母的態度、價值、信念，往往透過有形或無形的作用，影響子女的學習。 |
| 李明昌 | 1997 | 家長參與有助於提升學生的學業成就。 |
| 林明地 | 2001 | 以教育改革的觀點指出，家長參與可帶來積極正向的教育效果，其中對學生的助益之一是提升學業成就。 |
| 蔡毓智 | 2002 | 朋友成績、家長參與親師活動、學習態度及教育期望等四個社會資產變項對學業成績有顯著影響。建議家長與子女經常進行進行關於學業方面之互動及溝通，多參與親師活動，提供充足的文化刺激，同時提高教育期望等，有助於提升學生學業成績。同時，師生間的互動及期望、教師經常與家長保持連繫及互動對學生學業成績也有正面幫助。 |
| 盧焜煌 | 2003 | 家庭的角色影響孩子的能力和成績，家長的參與度是決定學生學業成就的關鍵因素之一，同時，由於家長的參與也使得孩子作業完成的情形較為良好，而且孩子在閱讀的成績也比較好，換言之，家長的參與和孩子的學業成績成就有正向的相關。由以上研究可知，家長參與在學生學業成績有積極的功能。 |

## 伍、小結

一般而言，在民主化的社會中，學業成就是職業取得的重要憑藉，也是決定個人社會地位的重要因素和促進向上流動的主要途徑（巫有鎰，1997）。因此，探討影響新移民女性子女學業成就的因素，實有其重要性。由於新移民女性在台灣日漸增加，且隨著其子女進入國民教育階段就讀，其子女學業成就便成為新移民女性的關心重點，也日漸成為社會大眾關注的焦點。本書以新移民女性子女之性別及年級、新移民女性家庭社經地位，以及新移民女性之國籍、華語能力和參與子女學校教育情形來探究與子女學業成就之相關性。

# 第三章　研究方法與實施

本章共分為四節：在第一節的部份，首先解說本研究進行的研究架構與相關研究設計；再來，在第二節的部份，則說明研究對象的選定過程；在第三節的部份，則解說相關的研究工具之編制過程；最後於第四節說明相關資料分析時所採用的分析方法。

## 第一節　研究架構與研究設計

### 壹、研究目的

首先先說明本研究的研究目的，本研究有七項研究目的如下：

一、探討不同背景變項（性別、年級）之新移民女性子女，其母親參與學校教育情形。

二、探討不同背景變項（性別、年級）之新移民女性子女，在校學業成就表現情形。

三、探討不同背景變項之新移民女性（社經地位、國籍、華語能力），參與子女學校教育情形。

四、探討不同背景變項之新移民女性（社經地位、國籍、華語能力），其子女在校學業成就表現情形。

五、探討新移民女性參與子女學校教育與子女學業成就之關係。

六、預測影響新移民女性子女學業成就的因素。

七、本研究擬根據結果提出建議，並供相關單位及未來研究之參考。

## 貳、研究問題與研究假設

基於研究目的，本研究的問題與假設如下：

一、問題 1：不同背景變項（性別、年級）之新移民女性子女，其母親參與學校教育情形為何？

假設 1：不同性別之新移民女性子女，其母親參與教育沒有顯著差異。

假設 2：不同年級之新移民女性子女，其母親參與教育沒有顯著差異。

二、問題二：不同背景變項（性別、年級）之新移民女性子女，在校學業成就表現情形為何？

假設 3：不同性別之新移民女性子女，在校學業成就表現沒有顯著差異。

假設 4：不同年級之新移民女性子女，在校學業成就表現沒有顯著差異。

三、問題三：不同背景變項之新移民女性（社經地位、國籍、華語能力），參與子女學校教育情形為何？

假設 5：不同社經地位之新移民女性，參與子女學校教育情形沒有顯著差異。

假設 6：不同國籍之新移民女性，參與子女學校教育情形沒有顯著差異。

假設 7：不同華語能力之新移民女性，參與子女學校教育情形沒有顯著差異。

四、問題四：不同背景變項之新移民女性（社經地位、國籍、華語能力），其子女在校學業成就表現情形為何？

假設 8：不同社經地位之新移民女性，其子女在校學業成就表現沒有顯著差異。

假設 9：不同國籍之新移民女性，其子女在校學業成就表現沒有顯著差異。

假設 10：不同華語能力之新移民女性，其子女在校學業成就表現沒有顯著差異。

五、問題五：新移民女性參與子女學校教育，與子女在校學業成就之關係為何？

假設 11：不同參與程度，與其子女在校學業成就表現沒有顯著差異。

六、問題六：新移民女性子女個人背景、社經地位、母親國籍、母親華語能力、母親參與學校教育情形等變項，對於學業成就是否具有顯著的預測力？

假設 12：新移民女性子女個人背景、社經地位、母親國籍、母親華語能力、母親參與學校教育情形等變項，對於學業成就並沒有預測作用。

## 參、重要名詞解釋

在本研究中所包含的重要名詞與研究變項分別界定如下：

### 一、新移民女性

本研究之新移民女性，指的是透過各種管道與台灣男子結婚，其原國籍為大陸及東南亞籍，包括越南、印尼、菲律賓、高棉、柬埔寨、馬來西亞等地區，且目前設籍於雲林縣之女性。

### 二、家長參與

本研究指的是新移民女性在子女的學習活動或教育歷程中的參與，並根據回顧相關研究後，將新移民女性參與子女學校教育分為三個面向：

### （一）家庭本位式參與

其參與的內容包括子女在家中的指導課業以及非課業的學習活動。如提供子女學習所需要的文具用品、設置家庭環境支援兒童在不同年齡及年級階段學習需求、協助子女完成作業、準備學習資料、談論學校生活等。

### （二）協助式參與

其參與的內容包括課程與教具的準備、支援學校行政工作、協助交通導護、圖書管理、校外教學、教室教學以及學校各項活動等。

### （三）決策式參與

其參與的內容包括參與學校行政及課程的發展、經由參與學校中的組織、家長會來參與學校決策的過程與決定。如列席校務會議、出席學校行政會議、參加考評委員會、推動學校改革、教師聘任、選擇教科書等。

本研究以自編之「新移民女性參與子女學校教育調查問卷」之得分，採 Likert 五點量表作為新移民女性參與子女學校教育情形之指標，5 分代表為參與度最高，1 分為最低。

## 三、學業成就

學業成就是指經由學校教學後，學生在各類學科上所獲得的知識和技能，可以以測驗的方式或老師的評定來衡量學生的學習結果（李美瑩，1994）。本研究之學業成就，係以學生之學習領域平均成績為指標，並請級任老師填寫該學生學習領域成績在班上之大約排名，輔以參考。

## 四、家庭社經地位

家庭社經地位係指為以經濟、財富及職業等標準而區分的社會地位（張春興，1992）。學者常因不同的觀點而使用不同的指標，最常使用的社經地位測量方法大都以職業、收入及教育程度等為指標（吳幼妃，1982）。本研究在分析時採用的家庭社經地位，係參照林生傳（1994）修訂 Hollingshead（1957）提出之「雙因素社會地位指數」為測量方法將教育程度乘以 4，職業指數乘以 7，選擇父母兩人最高者而為家庭社經地位指數。

## 肆、研究架構圖

本研究之研究架構圖如下圖 3-1-1：

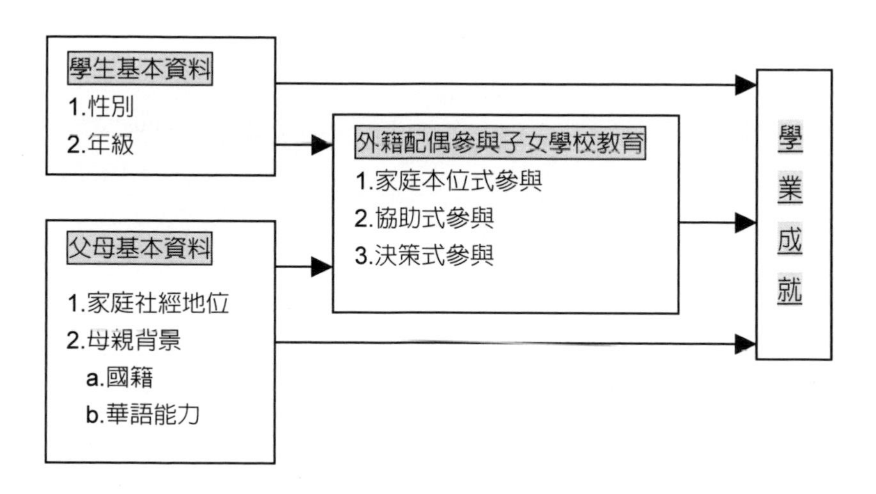


圖 3-1-1　研究架構圖

在上圖 3-1-1 的研究架構圖中，自變項為學生與父母親的基本資料，中介變項為新移民女性參與子女學校教育情形，依變項為學生學業成就，茲將各變項的內涵，分別陳述如下：

## 一、自變項：學生背景

### （一）學生基本資料

1. 性別：分為男生與女生。
2. 年級：分為低年級（一、二年級）、中年級（三、四年級）、高年級（五、六年級）。

### （二）父母基本資料

1. 家庭社經地位

首先先藉由了解新移民女性與其先生之教育程度和職業等級，以計算其家庭社經地位。社經地位係指以經濟、財富、職業為標準而區分的社會地位（張春興，1992）。家庭社經地位包括：父親教育程度、母親教育程度、父親職業類型、母親職業類型。本研究係參照林生傳（1994）修訂Hollingshead（1957）提出之雙因素社會地位指數為測量方法，將父母的教育程度與職業，各區分為五個等級，各等級的內容如下：

(1) 教育程度

a. 國小及未接受教育。

b. 國中。

c. 高中或高職。

d. 大學或專科學校。

f. 研究所以上。

(2) 職業類型

a. 無技術或非技術性工人。

b. 技術性工人。

c. 半專業、一般性公務人員。

d. 專業人員、中級行政人員。

f. 高級專業人員、高級行政人員。

將新移民女性與其先生之教育程度與職業等級分別轉換成 1-5 之指數之後，再將教育程度指數加權 4 倍，將職業等級指數加權 7 倍，加權後之教育指數與職業指數相加即為個人的家庭社經地位指數，最高分為 55 分，最低分為 11 分。並且選擇兩人最高者而為家庭社經指數。但若為單親家庭，則以單親之社經地位指數為依據，其公式如下：

**家庭社經指數＝教育程度指數×4＋職業指數×7**

2. 母親背景：包含國籍、華語能力

(1) 母親國籍：分為大陸、印尼、越南、泰國、菲律賓以及其他。

(2) 母親華語能力：分為「完全不會說」、「能聽懂一些」、「能聽也能講一些日常對話」、「流利」與「非常流利」五個量表。

## 二、依變項 1：新移民女性參與子女學校教育

(一) 家庭本位式參與：新移民女性的角色為家中的老師、陪同學習者。其參與的內容包括子女在家中的指導課業以及非課業的學習活動。

(二) 協助式參與：新移民女性的角色為學校的義工與支持者。主要透過擔任義工提供學校服務性的協助。

(三) 決策式參與：新移民女性的角色為督導者與決策者。其參與的內容包括參與學校行政及課程的發展、經由參與學校中的組織、家長會來參與學校決策的過程與決定。

## 三、依變項 2：學業成就

(一) 學業成就：由教師填答該生 93 學年度上學期之學習領域平均成績。

(二) 班上人數：由教師依實際情形填答。

(三) 在班上學習表現排名：由教師依學生學期表現填答，並配合班上人數，以作為了解該生在班上學業成就表現之參考。

## 伍、研究範圍、方法與限制

在本書中，本研究之研究範圍，分為研究地區、研究對象兩個個部分，在研究地區方面，係以雲林縣之國民小學為取樣範圍，包含公立及私立學校；在研究對象方面，則以雲林縣九十三學年度上學期子女就讀國小一至六年級之新移民女性為研究對象。再者，關於本研究之研究方法，本研究經分析相關文獻的理論與結果後，採量化研究，以調查研究法透過本書作者自編之調查問卷作為研究工具進行資料蒐集。

至於本研究的限制，在研究樣本方面，本研究的研究樣本，係以雲林縣新移民女性為主，對於其他地區之適用性，在解釋結果及推論上必須相當謹慎。在研究變項方面，影響學生學業成就的因素甚多，然本研究僅以新移民女性子女之性別、年級以及新移民女性社經地位、國籍、華語能力、參與子女學校教育情形作為探討變項，並非全面性的涵蓋所有之影響因素。在研究方法方面，本研究係採橫斷研究，並未進行縱貫面之研究，故無法呈現逐年連續性資料與結果。

# 第二節　研究對象

## 壹、預試問卷樣本

本問卷的預試對象採方便取樣，對象為研究者服務鄉鎮之六所國小之新移民女性子女，共計 110 人。由於考量新移民女性之文字閱讀能力不一，故由級任老師填寫問卷。共發出 110 份問卷，經回收後，得到 108 份問卷，回收率 98.18%，經剔除無效問卷 18 份，共得有效問卷 90 份。

## 貳、正式問卷樣本

本研究之問卷調查研究對象，係以雲林縣國民小學新移民女性子女為主，採普查方式進行。雲林縣九十三學年度小學共 158 所（包含 2 所私立小學）。首先向雲林縣家庭教育中心取得雲林縣各國小新移民女性子女人數資料，並致電請各國小之教務（教導）主任協助進行問卷回收及詢問各校新移民女性子女確實人數。由於其中 4 所國小無新移民女性子女在籍，扣除此 4 所小學之後，故本研究之正式樣本為 154 所國小，新移民女性子女共 2,211 人。由於考量新移民女性之文字閱讀能力不一，故請學校老師協助填寫問卷。共計發出 2,211 份問卷，經回收後，得到 1,297 份問卷，回收率 58.66%，經剔除無效問卷 149 份，共得有效問卷 1,148 份。

## 參、樣本背景變項之分析

茲將參與本研究的學生與其父母親之背景資料統計結果，分述如下。

### 一、受試學生基本資料方面

在受試學生性別分配上，男生佔 51.7%，女生佔 48.3%，男女人數大致接近，見表 4-1-1。

表 4-1-1　受試學生性別人數分配表

| 性別 | 人數（人） | 百分比（%） |
|---|---|---|
| 男 | 594 | 51.7 |
| 女 | 554 | 48.3 |
| 總計 | 1,148 | 100 |

受試學生年級分配方面，低年級佔 52.5%人數最多；其次是中年級佔 30.8%；高年級佔 16.7%，人數最少，見表 4-1-2。由此可推測，新移民女性子女有逐年增加的趨勢。

表 4-1-2　受試學生年級人數分配表

| 年級 | 人數（人） | 百分比（%） |
|---|---|---|
| 低 | 603 | 52.5 |
| 中 | 354 | 30.8 |
| 高 | 191 | 16.7 |
| 總計 | 1,148 | 100 |

## 二、受試父母基本資料方面

在受試者之父母學歷方面，父親學歷國中以下者合計 76%，約佔四分之三；學歷國中以下合計高達 84.4%，其中，母親不識字者達 33.8%。可見雲林縣新移民女性子女之父母親，學歷大多在國中以下。見表 4-1-3。

表 4-1-3　受試者父母學歷人數分配表

| 學歷 | 父親 | | 母親 | |
|---|---|---|---|---|
| | 人數（人） | 百分比（%） | 人數（人） | 百分比（%） |
| 不識字 | 79 | 6.9 | 388 | 33.8 |
| 國中以下 | 794 | 69.1 | 581 | 50.6 |
| 高中或高職 | 247 | 21.5 | 147 | 12.8 |
| 專科或大學 | 25 | 2.2 | 32 | 2.8 |
| 研究所以上 | 3 | 0.3 | 0 | 0 |
| 總計 | 1148 | 100 | 1148 | 100 |

在受試者之父母職業方面，父親從事第一類職業者佔 81.2%人數最多，若合計從事第一類、第二類職業人數，則高達 96.9%；母

親從事第一類職業者佔 91.6%人數最多，若合計從事第一類、第二類職業人數，則高達 98.9%，可見雲林縣新移民女性家庭裡，父親與母親職業以第一、二類職業為主，見表 4-1-4。

表 4-1-4　受試者父母職業比較表

| 職業 | 父親 | | 母親 | |
|---|---|---|---|---|
| | 人數（人） | 百分比（%） | 人數（人） | 百分比（%） |
| 第一類 | 933 | 81.2 | 1052 | 91.6 |
| 第二類 | 180 | 15.7 | 84 | 7.3 |
| 第三類 | 30 | 2.6 | 11 | 1 |
| 第四類 | 3 | 0.3 | 1 | 0.1 |
| 第五類 | 2 | 0.2 | 0 | 0 |
| 總計 | 1148 | 100 | 1148 | 100 |

在受試者之父母社經地位方面，低社經地位者佔 60.1%最多，其次是中社經地位者，佔 39.5%，而高社經地位者，僅佔 0.4%，見表 4-1-5。

表 4-1-5　受試者父母社經地位人數分配

| 社經地位 | 人數（人） | 百分比（%） |
|---|---|---|
| 低 | 690 | 60.1 |
| 中 | 453 | 39.5 |
| 高 | 5 | 0.4 |
| 總計 | 1148 | 100 |

在新移民女性國籍方面，由表 4-1-6 可知，以印尼籍人數為最多，佔 53.2%，約佔半數；其次為越南籍 24.8%、大陸籍 14.7%、泰國籍 3.1%、菲律賓籍 2.7%以及其他國籍 1.5%。

表 4-1-6　新移民女性國籍人數分配

| 國籍 | 人數（人） | 百分比（%） |
| --- | --- | --- |
| 大陸 | 169 | 14.7 |
| 印尼 | 611 | 53.2 |
| 越南 | 284 | 24.8 |
| 泰國 | 36 | 3.1 |
| 菲律賓 | 31 | 2.7 |
| 其他 | 17 | 1.5 |
| 總計 | 1148 | 100.0 |

在新移民女性華語能力方面，能聽也能講一些日常對話之人數佔最多，有 40.5%；流利者佔 36.8%居次；非常流利者有 12.2%；能聽懂一些者有 7.8%；完全不會說者有 2.8%，見表 4-1-7。

表 4-1-7　新移民女性華語能力人數分配

| 華語能力 | 人數（人） | 百分比（%） |
| --- | --- | --- |
| 完全不會說 | 32 | 2.8 |
| 能聽懂一些 | 89 | 7.7 |
| 能聽也能講一些日常對話 | 465 | 40.5 |
| 流利 | 422 | 36.8 |
| 非常流利 | 140 | 12.2 |
| 總計 | 1148 | 100.0 |

根據上述資料，可發相關要點歸納如下：

(一) 參與本研究之雲林縣新移民女性子女就讀國小階段人數男生佔 51.7%，女生佔 48.3%，男多於女。

(二) 參與本研究之雲林縣新移民女性子女就讀國小階段學生中，低年級佔 52.5%人數最多；其次是中年級佔 30.8%；高年級佔 16.7%，人數最少。

(三) 參與本研究之雲林縣子女就讀國小階段之新移民女性家庭，低社經地位者佔 60.1%最多，其次是中社經地位者，佔 39.5%，而高社經地位者，僅佔 0.4%。

(四) 參與本研究之雲林縣子女就讀國小階段之新移民女性國籍，以印尼籍人數為最多，佔 53.2%，約佔半數；其次為越南籍，佔 24.8%；大陸籍人數佔 14.7%；而泰國籍、菲律賓以及其他各佔 3.1%、2.7%以及 1.5%。

(五) 參與本研究之雲林縣子女就讀國小階段之新移民女性華語能力，能聽也能講一些日常對話之人數佔最多，有 40.5%；流利者佔 36.8%居次；非常流利者有 12.2%；能聽懂一些者有 7.8%；完全不會說者有 2.8%。

再者，根據上述重要之發現，茲就各發現要點分別提出討論如下：

(一) 參與本研究之雲林縣新移民女性子女就讀國小階段人數男生佔 51.7%，女生佔 48.3%。性別比例為每百女子所當男子數，依聯合國世界婦女狀況趨勢和統計數字報告中指出，性比例之正常生物值介於 105-106 之間（行政院主計處，2003）。將本研究之新移民女性子女人口統計數字加以換算之後，得到性比例為 107，略高於正常生物值，故雲林縣新移民女性就讀國小子女數，若以性比例而言，男生人數稍多。

(二) 參與本研究之雲林縣新移民女性子女就讀國小階段學生中，低年級佔 52.5%人數最多；其次是中年級佔 30.8%；高年級佔 16.7%，人數最少。新移民女性人口比例逐年增加，而新移民女性所生的下一代也漸漸的進入求學階段，根據研究的數據資料，新移民女性子女人數越低年級人數越多，亦即新移民女性子女有逐年增加的趨勢。

(三) 參與本研究之雲林縣子女就讀國小階段之新移民女性家庭，低社經地位者佔 60.1%最多，其次是中社經地位者，佔 39.5%，而高社經地位者，僅佔 0.4%。近年來迎娶新移民女性的本國男子，許多是處於社經地位較差的弱勢，他們因為不易在本地找到對象，漸漸的越來越多的本國男子便遠渡重洋到東南亞國家或大陸去尋找他們的另一半（張貴英，1996）。根據本研究的統計分析結果，雲林縣新移民女性家庭中，低社經地位者即佔了六成左右，而合併低社經與中社經地位者，即佔了 99.6%，比例甚高。

(四) 參與本研究之雲林縣子女就讀國小階段之新移民女性國籍，以印尼籍人數為最多，佔 53.2%，約佔半數；其次為越南籍，佔 24.8%；大陸籍人數佔 14.7%；而泰國籍、菲律賓以及其他各佔 3.1%、2.7%以及 1.5%。根據教育部（2004c）統計，93 學年子女就讀國小階段之新移民女性人數，按新移民女性國籍別分，前五名分別為大陸、印尼、越南、菲律賓以及泰國。而本研究結果顯示，雲林縣子女就讀國小階段之新移民女性國籍，以印尼籍人數為最多，且比例超過總數之二分之一，接下來依序為越南、大陸、泰國以及菲律賓。由此可見，若以國籍別而言，新移民女性之分配可能存在著區域性的差異。

(五) 參與本研究之雲林縣子女就讀國小階段之新移民女性華語能力，能聽也能講一些日常對話之人數佔最多，有 40.5%；流利者佔 36.8%居次；非常流利者有 12.2%；能聽懂一些者有 7.8%；完全不會說者有 2.8%。根據本研究統計結果，新移民女性之華語能力，流利以上者（包含流利與非常流利）佔 49%，約總人數之半數；而能聽也能講一些日常對話的人數比例也不低，佔 40.5%。本研究是以子女就讀國民小學階段之新移民女性為研究對象，由此推算至少在台居住已有七年左右的時間，可能受到環境的影響、新移民女性識字班的推動以及隨著子女一同學習等等因素，因此大致來說，雲林縣之新移民女性多半具備基本的溝通能力。

此外，由統計結果可知，雲林縣新移民女性中，華語能力較差，包括能聽懂一些以及完全不會說者，約佔 10%，雖然比例並不高，但是仍值得相關單位重視。由於華語能力的具備對於新移民女性個人、家庭及整體社會而言，都有正面的影響（邱琡雯，2000），故推測這些新移民女性在人際溝通、與家人相處以及對子女的教育上，可能面臨某種程度的障礙與困境。

# 第三節　研究工具

本研究所使用的問卷為自編之「新移民女性參與子女學校教育調查問卷」，問卷內容主要分為基本資料、新移民女性參與子女學校教育兩大部分。茲將內容分述如下：

## 壹、問卷設計

### 一、基本資料部分

基本資料內容包括學生基本資料、父親教育程度、父親職業類別、母親教育程度、母親職業類別、母親國籍、母親華語能力等。其中父母親的教育程度、職業類別是用來計算父母的社經地位。本研究係參照林生傳（1994）修訂 Hollingshead（1957）提出之「雙因素社會地位指數」為測量方法，將教育程度指數乘以 4，職業類別指數乘以 7，兩者相加即為社經地位指數。指數越高，即表示家庭社經地位越高。本研究依分組之需要，將父母社經地位分為低、中、高三組：

1. 高社經地位：社經地位指數 41-55 分。
2. 中社經地位：社經地位指數 19-40 分。
3. 低社經地位：社經地位指數 11-18 分。

## 二、新移民女性參與子女學校教育部分

### （一）預試問卷填答與計分方式

此部分內容主要在了解新移民女性參與子女學校教育之情形，包括「家庭本位式參與」10 題、「協助式參與」7 題以及「決策式參與」6 題，共計 23 題。

每一個題目皆有一段敘述，依照受試者的看法在適當的選項方格中以「V」表示。本研究採 Likert 五點量表，非常同意 5 分，同意 4 分，尚可 3 分，不同意 2 分，非常不同意 1 分。得分愈高代表新移民女性參與子女學校教育程度愈高，得分愈低，則代表參與程度愈低。

### （二）項目分析

將受試者的分數輸入電腦後，經過計分處理，將分數由高至低排列，選取得分前 25%與後 25%為高低分組，求取決斷值（CR），剔除 CR 值未達顯著水準.05 之題目。並剔除各題項與總分之相關未達.05 顯著水準和相關係數在.30 以下的題目。根據預試量表之項目分析結果（表 3-3-1），量表中 23 題項全數予以保留，不需刪題。

表 3-3-1 「新移民女性參與子女學校教育量表」預試項目分析

| 題號 | 題項內容 | CR 值 | 與總分之相關 | 備註 |
|---|---|---|---|---|
| 1-1 | 母親會密切注意子女的學習狀態，深入瞭解孩子的學習能力及興趣。 | 7.365** | .709** | 保留 |
| 1-2 | 母親能有效配合教師的教學並給予子女正確指導。 | 7.995** | .734** | 保留 |
| 1-3 | 母親能充分掌握子女在學校的學習情形。 | 7.653** | .718** | 保留 |
| 1-4 | 母親能引導或協助子女一起完成作業。 | 7.247** | .647** | 保留 |
| 1-5 | 母親會幫子女準備上課所需要的學用品。 | 7.733** | .712** | 保留 |
| 1-6 | 子女有問題時或有進步時，母親會與老師保持聯繫。 | 9.184** | .735** | 保留 |
| 1-7 | 母親會每天簽閱子女的聯絡簿、功課或成績單。 | 6.990** | .603** | 保留 |
| 1-8 | 母親會關心子女在學校各方面表現。 | 9.385** | .732** | 保留 |
| 1-9 | 母親會與老師討論如何指導子女課業相關問題。 | 8.467** | .786** | 保留 |
| 1-10 | 母親能為子女準備適合的學習環境，包括學習空間、設備與課外讀物。 | 8.105** | .692** | 保留 |
| 2-1 | 母親會協助班級或學校佈置、美化、清潔與維護。 | 6.297** | .725** | 保留 |
| 2-2 | 母親曾經擔任學校非教學工作的義工（如協助學生上下學的導護工作）。 | 6.069** | .585** | 保留 |
| 2-3 | 母親曾經擔任子女班級教師的教學助理。 | 5.644** | .670** | 保留 |
| 2-4 | 母親會貢獻專長並參與部分教學活動（如晨光時間教學、愛心媽媽）。 | 5.746** | .646** | 保留 |
| 2-5 | 母親會以書面或電話向學校人員提出建議。 | 7.454** | .700** | 保留 |
| 2-6 | 母親會提供老師教學資源。 | 7.205** | .677** | 保留 |
| 2-7 | 母親曾經捐贈班級或學校圖書或教學設備。 | 6.200** | .687** | 保留 |
| 3-1 | 母親曾經出席校務會議或委員會，對重要校務做決策。 | 6.333** | .626** | 保留 |
| 3-2 | 母親曾經參加「課程發展委員會」，與學校共同討論，擬定課程發展方向及課程方案的規劃。 | 6.288** | .634** | 保留 |
| 3-3 | 母親曾經參加教評會，參與學校教師的甄選。 | 5.518** | .609** | 保留 |
| 3-4 | 母親曾經擔任學校家長會的家長代表或家長委員。 | 5.885** | .619** | 保留 |
| 3-5 | 母親曾經參與校園及校舍整體規劃。 | 5.885** | .619** | 保留 |
| 3-6 | 母親曾經參與教科書選擇。 | 5.885** | .619** | 保留 |

**P<.01

## （三）效度分析

### 1. 專家效度

本研究根據文獻探討所得，並參考吳璧如（2003）、楊惠琴（2000）等人關於家長參與方面的調查問卷，以及林璣萍（2003）關於新移民女性之調查問卷，由研究者自行編製「新移民女性參與子女學校教育調查問卷」為研究工具。問卷內容初擬後，先與指導教授討論後進行修正，再經由郭秋勳博士（明道大學院教授）、陳聰文博士（彰化師範大學教授、中台科技大學教授）、吳璧如博士（彰化師範大學教授）、黃淑玲博士（中山醫學大學助理教授）、陳德欣博士（明道大學院助理教授）、邱世明博士（台北市立師範學院講師）等專家，就問卷內容之文句及題項的適切性提供專家意見，最後綜合各專家之意見修正後定稿完成問卷之編製。

關於問卷中「新移民女性參與子女學校教育」量表部分，本研究以非常同意、同意、尚可、不同意以及完全不同意等五個順序變項為反應量尺，黃淑玲博士曾建議將之改為非常符合、符合、尚可、不符合以及完全不符合，但由於其他五位專家並未提及，故保留原反應量尺。

### 2. 建構效度

由於研究者在問卷編製中，已根據文獻探究結果，量表的層面之架構也已確定，並經過專家效度檢核，故本研究採主成分（principal components）分析法將分量表的題項個別進行因素分析，以驗證量表的層面是否適當，並刪除因素負荷量小於.3 的題項。

(1) 分量表一：「家庭本位式參與」之因素分析

根據分析結果，此層面只抽取一個共同因素，特徵值 6.855，解釋變異量 68.55%，十題題項全部保留，不需刪題，見表 3-3-2。

表 3-3-2 「家庭本位式參與」分量表之因素分析摘要表

| 題號 | 因素負荷量 | 特徵值 | 解釋總變異量% |
|---|---|---|---|
| 1-8 | .911 | 6.855 | 68.55 |
| 1-3 | .897 | | |
| 1-1 | .895 | | |
| 1-2 | .885 | | |
| 1-10 | .831 | | |
| 1-9 | .799 | | |
| 1-7 | .792 | | |
| 1-6 | .758 | | |
| 1-5 | .752 | | |
| 1-4 | .734 | | |

(2) 分量表二：「協助式參與」之因素分析

根據分析結果，此層面只抽取一個共同因素，特徵值 4.981，解釋變異量 71.16%，七題題項全部保留，不需刪題，見表 3-3-3。

表 3-3-3　「協助式參與」分量表之因素分析摘要表

| 題號 | 因素負荷量 | 特徵值 | 解釋總變異量% |
|---|---|---|---|
| 2-1 | .896 | 4.981 | 71.16 |
| 2-3 | .885 | | |
| 2-5 | .866 | | |
| 2-7 | .856 | | |
| 2-6 | .839 | | |
| 2-4 | .797 | | |
| 2-2 | .755 | | |

(3) 分量表三：「決策式參與」之因素分析

根據分析結果，此層面只抽取一個共同因素，特徵值 5.889，解釋變異量 98.15%，六題題項全部保留，不需刪題，見表 3-3-4。

表 3-3-4　「決策式參與」分量表之因素分析摘要表

| 題號 | 因素負荷量 | 特徵值 | 解釋總變異量% |
|---|---|---|---|
| 3-5 | .998 | 5.889 | 98.15 |
| 3-6 | .998 | | |
| 3-4 | .998 | | |
| 3-2 | .993 | | |
| 3-3 | .985 | | |
| 3-1 | .971 | | |

## （四）信度分析

1. 總量表內部一致性分析結果，α 值達.948，見表 3-3-5。

表 3-3-5 「新移民女性參與子女學校教育量表」信度分析摘要表

| 題號 | 平均數 | 變異數 | 相關係數 | Cronbach's α |
|---|---|---|---|---|
| 1-1 | 46.90 | 191.619 | .665 | .938 |
| 1-2 | 47.10 | 190.833 | .693 | .937 |
| 1-3 | 47.08 | 191.735 | .677 | .937 |
| 1-4 | 47.46 | 194.273 | .599 | .939 |
| 1-5 | 46.88 | 191.210 | .669 | .938 |
| 1-6 | 47.26 | 189.383 | .693 | .937 |
| 1-7 | 46.53 | 192.881 | .541 | .940 |
| 1-8 | 46.82 | 190.485 | .690 | .937 |
| 1-9 | 47.49 | 189.399 | .753 | .936 |
| 1-10 | 47.31 | 190.397 | .643 | .938 |
| 2-1 | 48.38 | 197.429 | .696 | .937 |
| 2-2 | 48.43 | 200.473 | .545 | .939 |
| 2-3 | 48.57 | 200.585 | .641 | .938 |
| 2-4 | 48.51 | 200.163 | .612 | .938 |
| 2-5 | 48.38 | 197.069 | .667 | .938 |
| 2-6 | 48.42 | 199.168 | .646 | .938 |
| 2-7 | 48.52 | 199.713 | .658 | .938 |
| 3-1 | 48.64 | 202.951 | .597 | .939 |
| 3-2 | 48.64 | 203.086 | .607 | .939 |
| 3-3 | 48.67 | 203.596 | .581 | .939 |
| 3-4 | 48.66 | 203.397 | .591 | .939 |
| 3-5 | 48.66 | 203.397 | .591 | .939 |
| 3-6 | 48.66 | 203.397 | .591 | .939 |

N=90 題項=23 Cronbach's α= .941

2. 各分量表內部一致性分析結果，α 分別為.948、.931 以及.996，見表 3-3-6。

表 3-3-6　三個分量表之信度分析摘要表

| 分量表 | 層面名稱 | 平均數 | 標準差 | Cronbach's α |
|---|---|---|---|---|
| 分量表一 | 家庭本位式參與 | 30.07 | 9.880 | .948 |
| 分量表二 | 協助式參與 | 11.41 | 4.794 | .931 |
| 分量表三 | 決策式參與 | 8.61 | 3.803 | .996 |

## 貳、正式問卷

預試問卷經過上述專家效度和建構效度、項目分析與信度的考驗之後得知，問卷之內容信效度良好，無須刪題；最後形成成正式問卷，正式問卷內容見附錄二。

# 第四節　資料分析方法

本研究之資料處理採用電腦套裝軟體 SPSS 12.0（Statistics Packages of Social Sciences）進行統計分析與假設考驗，所運用的統計分析方法包括了描述統計、t 考驗、單因子變異數分析、皮爾森積差相關分析以及逐步多元迴歸。茲將本研究各部分所使用的統計方法說明如下：

## 壹、描述統計

本研究以描述統計（descriptive statistics），包括次數分配及百分比來分析新移民女性子女基本資料分布情形，並求出各變項之標準差及平均數，以探討新移民女性參與子女學校教育之現況。

## 貳、t 考驗

本研究以 t 考驗（t-test）來探討不同背景變項（性別）之新移民女性子女，其母親參與學校教育情形以及學業成就上的差異情形。

## 參、單因子變異數分析

本研究以單因子變異數分析（one-way ANOVA）來探討不同背景變項（年級、社經地位、母親國籍、母親華語能力）的新移民女性子女，其母親參與學校教育情形及學業成就上的差異情形。如果有顯著差異，再以 Scheffé 法進行事後比較。

## 肆、皮爾森積差相關

本研究以皮爾森積差相關（Pearson Product-Moment Correlation）來探討學生背景、新移民女性背景、新移民女性參與子女學校教育情形與學業成就之間的關係。

## 伍、逐步多元迴歸

本研究最後以逐步多元迴歸（stepwise multiple regression）來探討各變項對於新移民女性子女學業成就之預測情形。

# 第四章　研究結果與討論

本章依據問卷調查所得資料，進行問卷調查結果之分析。本章共分七節：第一節為背景變項之描述統計；第二節為探討不同背景變項之新移民女性子女，其母親在參與學校教育情形上的差異分析；第三節為探討不同背景變項之外及配偶子女，在學業成就表現上的差異分析；第四節為不同背景變項之新移民女性，在參與子女學校教育上的差異分析；第五節為不同背景變項之新移民女性，其子女在學業成就表現上的差異分析；第六節探討新移民女性參與子女學校教育與子女學業成就的相關情形；第七節預測影響新移民女性參與子女學校教育之因素。各節並依據研究結果進行討論。

## 第一節　新移民女性參與學校教育情形之差異分析

本節首先以新移民女性之子女之不同背景變項，亦即性別、年級等之新移民女性子女，來分析與討論其母親參與學校教育情形之差異情形；分別呈現不同性別以及年級等兩個變項之新移民女性子女，其母親在參與子女學校教育量表及各分量表（家庭本位式參與、協助式參與、決策式參與）上得分之平均數、標準差，並考驗其是否有差異；其次，再以新移民女性本身之不同背景變項，亦即社經地位、國籍、華語能力等之新移民女性，參與子女學校教育之差異情形；分別呈現不同社經地位、國籍以及華語能力等三個變項之新移民女性，在參與子女學校教育量表及各分量表（家庭本位式參與、協助式參與、決策式參與）上得分之平均數、標準差，並考驗其是否有差異；最後，再根據研究結果進行綜合討論。

## 壹、就新移民女性之子女進行分析

### 一、不同性別之新移民女性子女，其母親在參與教育情形量表及分量表上之差異情形

下表 4-2-1 列出男性、女性新移民女性子女，其母親在參與教育情形量表及分量表上得分之平均數、標準差。由表 4-2-1 得知，不同性別（男性、女性）之新移民女性子女，其母親之家庭本位式參與得分情形，女性平均數略高於男性平均數（M 男＝27.44，SD 男＝10.18；M 女＝28.48，SD 女＝10.60）。不同性別（男性、女性）之新移民女性子女，其母親之協助式參與得分情形，男、女性之平均數很接近（M 男＝11.42，SD 男＝5.11；M 女＝11.54，SD 女＝4.69）。不同性別（男性、女性）之新移民女性子女，其母親之決策式參與得分情形，男、女性之平均數很接近（M 男＝8.44，SD 男＝15.87；M 女＝8.70，SD 女＝3.64）。不同性別（男性、女性）

之新移民女性子女，其母親在整體總量表之得分情形，女性平均數略高於男性平均數（M 男＝47.30，SD 男＝10.18；M 女＝48.72，SD 女＝15.27）。

再者，不同性別之新移民女性子女，其母親在參與教育情形量表及分量表上得分差異情形，可由表 4-2-1 中之平均數獨立樣本 t 考驗分析結果得知，性別在家庭本位式參與、協助式參與、決策式參與以及總量表上並沒有達到顯著差異，故可知新移民女性子女之性別在其母親參與教育情形上，並沒有造成差異。

表 4-2-1　不同性別之新移民女性子女，其母親在參與教育情形量表及分量表上得分之平均數、標準差及差異分析

| 性別 | 家庭本位式參與 | | 協助式參與 | | 決策式參與 | | 總量表 | |
|---|---|---|---|---|---|---|---|---|
| | 平均數 | 標準差 | 平均數 | 標準差 | 平均數 | 標準差 | 平均數 | 標準差 |
| 男性 | 27.44 | 10.18 | 11.2 | 5.11 | 8.44 | 3.39 | 47.30 | 15.87 |
| 女性 | 28.48 | 10.06 | 11.54 | 4.69 | 8.70 | 3.64 | 48.72 | 15.27 |

N＝1,148

## 二、不同年級之新移民女性子女，其母親在參與教育情形量表及分量表上的差異

下表 4-2-2 分別列出低、中、高年級新移民女性子女，其母親在參與教育情形量表及分量表上得分之平均數、標準差。由表 4-2-2 得知，不同年級（低、中、高年級）之新移民女性子女，其母親之家庭本位式參與得分情形，中年級較高，低年級和高年級很接近（M 低＝27.81，SD 低＝10.65；M 中＝28.64，SD 中＝9.51；M 高＝27.05，

SD 高＝9.50）。在協助式參與得分情形，低、中、高年級很接近（M 低＝11.20，SD 低＝4.89；M 中＝11.90，SD 中＝4.97；M 高＝11.58，SD 高＝4.81）。在決策式參與得分情形，低、中、高年級很接近（M 低＝8.36，SD 低＝3.37；M 中＝9.02，SD 中＝3.65；M 高＝8.37，SD 高＝3.63）。在總量表得分情形，中年級較高，低年級和高年級很接近（M 低＝47.37，SD 低＝16.08；M 中＝49.57，SD 中＝15.13；M 高＝46.99，SD 高＝14.68）。

再者，表 4-2-3 呈現不同年級之新移民女性子女，其母親在參與教育情形量表及分量表上得分是否有差異，由表 4-2-3 單因子變異數分析結果得知，不同年級之新移民女性子女，其母親在參與教育情形上沒有差異。

表 4-2-2　不同年級之新移民女性子女，其母親在參與教育情形量表及分量表上得分之平均數、標準差

| 年級 | 家庭本位式參與 | | 協助式參與 | | 決策式參與 | | 總量表 | |
|---|---|---|---|---|---|---|---|---|
| | 平均數 | 標準差 | 平均數 | 標準差 | 平均數 | 標準差 | 平均數 | 標準差 |
| 低 | 27.81 | 10.65 | 11.20 | 4.89 | 8.36 | 3.37 | 47.37 | 16.08 |
| 中 | 28.64 | 9.51 | 11.90 | 4.96 | 9.02 | 3.65 | 49.57 | 15.13 |
| 高 | 27.05 | 9.50 | 11.58 | 4.81 | 8.37 | 3.63 | 46.99 | 14.68 |

N＝1,148

表 4-2-3　不同年級之新移民女性子女，其母親在參與教育情形量表及分量表上得分之差異分析

| | 變異來源 | 離均差平方和 | 自由度 | 均方和 | F 檢定 |
|---|---|---|---|---|---|
| 家庭本位式參與 | 組間 | 334.35 | 2 | 167.18 | 1.63 |
| | 組內 | 117,424.74 | 1,145 | 102.55 | |
| | 總和 | 117,759.09 | 1,147 | | |

| 協助式參與 | 組間 | 113.56 | 2 | 56.78 | 2.36 |
| --- | --- | --- | --- | --- | --- |
| | 組内 | 27,522.90 | 1,145 | 24.04 | |
| | 總和 | 27,636.46 | 1,147 | | |
| 決策式參與 | 組間 | 106.62 | 2 | 53.31 | 4.35 |
| | 組内 | 14,031.35 | 1,145 | 12.25 | |
| | 總和 | 14,137.97 | 1,147 | | |
| 總量表 | 組間 | 1,301.12 | 2 | 650.56 | 2.69 |
| | 組内 | 277,424.66 | 1,145 | 242.29 | |
| | 總和 | 278,725.78 | 1,147 | | |

N＝1,148

## 三、結果與討論

以下針對本節之研究結果，分別提出討論如下：

### （一）不同性別之新移民女性子女，其母親在參與教育情形上沒有差異

本研究發現，不論是男性或是女性之新移民女性子女，其母親在參與教育情形上是沒有差異的。而進一步根據研究數據分析，不論是男性或是女性之新移民女性子女，其母親總量表的得分上都不高，而在家庭本位式參與的得分稍高，協助式參與以及決策式參與的得分都非常的低。研究者推測，新移民女性對於如何參與子女學校教育之認知並不高，也因此沒有子女性別上的差異。

### （二）不同年級之新移民女性子女，其母親在參與教育情形上沒有差異

本研究發現，不論是低年級、中年級或是高年級的新移民女性子女，其母親在參與教育情形上是沒有差異的。而進一步根據研究數據分析，不論是低年級、中年級或是高年級之新移民女性子女，其母親在總量表的得分皆不高，而在家庭本位式參與的得分稍高，而協助式參與以及決策式參與的得分都非常的低。研究者推測，新移民女性對於如何參與子女學校教育之認知並不高，也因此沒有子女年級上的差異。

## 貳、就新移民女性進行分析

## 一、不同社經地位之新移民女性，在參與子女學校教育情形量表及分量表上的差異

### （一）不同社經地位之新移民女性，在參與子女學校教育情形量表及分量表上的得分情形

表 4-4-1 列出低、中、高不同社經地位之新移民女性，在參與子女學校教育情形量表及分量表上得分之平均數、標準差。由表 4-4-1 得知，不同社經地位（低、中、高）之新移民女性，在家庭本位式參與得分情形，高社經地位較高，其次為中社經地位，低社

經地位最低（M 低＝26.39，SD 低＝9.68；M 中＝30.19，SD 中＝10.31；M 高＝38.60，SD 高＝11.78）。在協助式參與得分情形，高社經地位較高，其次為中社經地位，低社經地位最低（M 低＝10.97，SD 低＝4.57；M 中＝12.22，SD 中＝5.28；M 高＝14.60，SD 高＝7.44）。在決策式參與得分情形，高社經地位較高，中、低社經地位很接近（M 低＝8.37，SD 低＝3.47；M 中＝8.85，SD 中＝3.54；M 高＝10.20，SD 高＝50.20）。在總量表得分情形，高社經地位較高，其次為中社經地位，低社經地位最低（M 低＝45.72，SD 低＝14.77；M 中＝51.26，SD 中＝16.11；M 高＝63.40，SD 高＝19.24）。

表 4-4-1　不同社經地位之新移民女性，在參與子女學校教育情形量表及分量表上得分之平均數、標準差

| 社經地位 | 家庭本位式參與 | | 協助式參與 | | 決策式參與 | | 總量表 | |
|---|---|---|---|---|---|---|---|---|
| | 平均數 | 標準差 | 平均數 | 標準差 | 平均數 | 標準差 | 平均數 | 標準差 |
| 低 | 26.39 | 9.68 | 10.97 | 4.57 | 8.37 | 3.47 | 45.72 | 14.77 |
| 中 | 30.19 | 10.31 | 12.22 | 5.28 | 8.85 | 3.54 | 51.26 | 16.11 |
| 高 | 38.60 | 11.78 | 14.60 | 7.44 | 10.20 | 5.02 | 63.40 | 19.24 |

N＝1,148

再者，不同社經地位之新移民女性，在參與子女學校教育情形量表及分量表上得分之差異分析。表 4-4-2 呈現低、中、高不同社經地位之新移民女性，在參與子女學校教育情形量表及分量表上得分之差異分析結果。由表 4-4-2 變異數分析結果得知，不同社經地位之新移民女性，在參與子女學校教育總量表與各分量表上，皆達顯著水準。

在家庭本位式參與上，不同社經地位的差異達顯著水準（F（2,1145）＝22.90，p＜.01），並經 Seheffé 法事後比較，高社經地

位高於低社經地位，中社經地位高於低社經地位。在協助式參與上，不同社經地位的差異達顯著水準（$F(2,1145)=10.08$，$p<.01$），並經 Seheffé 法事後比較，中社經地位高於低社經地位。在決策式參與上，不同社經地位的差異達顯著水準（$F(2,1145)=3.09$，$p<.05$），並經 Seheffé 法事後比較，兩兩之間有差異，但並不明顯。在總量表上，不同社經地位的差異達顯著水準（$F(2,1145)=20.36$，$p<.01$），並經 Seheffé 法事後比較，高社經地位高於低社經地位，中社經地位高於低社經地位。

表 4-4-2　不同社經地位之新移民女性，在參與子女學校教育情形量表及分量表上得分之差異分析

| | 變異來源 | 離均差平方和 | 自由度 | 均方和 | F 檢定 | Scheffé 事後比較 |
|---|---|---|---|---|---|---|
| 家庭本位式 | 組間 | 4,529.92 | 2 | 2,264.96 | 22.90** | 高社經地位>低社經地位、中社經地位>低社經地位 |
| | 組內 | 113,229.17 | 1,145 | 98.89 | | |
| | 總和 | 117,759.09 | 1,147 | | | |
| 協助式 | 組間 | 478.03 | 2 | 239.02 | 10.08** | 中社經地位>低社經地位 |
| | 組內 | 27,158.42 | 1,145 | 23.72 | | |
| | 總和 | 27,636.46 | 1,147 | | | |
| 決策式 | 組間 | 75.92 | 2 | 37.96 | 3.09* | |
| | 組內 | 14,062.05 | 1,145 | 12.28 | | |
| | 總和 | 14,137.97 | 1,147 | | | |
| 總量表 | 組間 | 9,573.63 | 2 | 4,786.82 | 20.36** | 高社經地位>低社經地位、中社經地位>低社經地位 |
| | 組內 | 269,152.14 | 1,145 | 235.07 | | |
| | 總和 | 278,725.78 | 1,147 | | | |

*$p<.05$　**$p<.01$

## 二、不同國籍之新移民女性，在參與子女學校教育情形量表及分量表上的差異

不同國籍之新移民女性，在參與子女學校教育情形量表及分量表上的得分情形，可由表 4-4-3 中之平均數、標準差得知結果。由表 4-4-3 得知，不同國籍（大陸、印尼、越南、泰國、菲律賓、其他）之新移民女性，在家庭本位式參與得分情形，其他國籍最高；其次為大陸籍；接下來依序為菲律賓籍、越南籍、印尼籍、泰國籍，但得分很接近（M 大＝32.77，SD 大＝10.11；M 印＝26.77，SD 印＝9.69；M 越＝27.45，SD 越＝10.05；M 泰＝25.81，SD 泰＝10.52；M 菲＝27.58，SD 菲＝9.77；M 其＝35.47，SD 其＝11.10）。

至於在協助式參與得分情形，其他國籍最高；其次為大陸籍；接下來依序為泰國籍、越南籍、菲律賓籍、印尼籍，但得分很接近（M 大＝12.39，SD 大＝5.34；M 印＝11.02，SD 印＝4.54；M 越＝11.74，SD 越＝5.21；M 泰＝11.78，SD 泰＝4.82；M 菲＝11.10，SD 菲＝4.21；M 其＝14.76，SD 其＝7.00）。在決策式參與得分情形，（M 大＝8.69，SD 大＝3.44；M 印＝8.33，SD 印＝3.33；M 越＝9.02，SD 越＝3.96；M 泰＝8.47，SD 泰＝3.55；M 菲＝8.06，SD 菲＝3.11；M 其＝9.29，SD 其＝2.82）。在總量表得分情形，其他國籍最高；其次為大陸籍再其次為越南籍；接下來依序為菲律賓籍、印尼籍、泰國籍，但得分很接近（M 大＝53.85，SD 大＝15.59；M 印＝46.12，SD 印＝14.71；M 越＝48.21，SD 越＝16.24；M 泰＝46.06，SD 泰＝16.08；M 菲＝46.74，SD 菲＝14.39；M 其＝59.53，SD 其＝18.72）。

表 4-4-3　不同國籍之新移民女性，在參與子女學校教育情形量表及分量表上得分之平均數、標準差

| 國籍 | 家庭本位式參與 | | 協助式參與 | | 決策式參與 | | 總量表 | |
|---|---|---|---|---|---|---|---|---|
| | 平均數 | 標準差 | 平均數 | 標準差 | 平均數 | 標準差 | 平均數 | 標準差 |
| 大陸 | 32.77 | 10.11 | 12.39 | 5.34 | 8.69 | 3.44 | 53.85 | 15.59 |
| 印尼 | 26.77 | 9.69 | 11.02 | 4.54 | 8.33 | 3.33 | 46.12 | 14.71 |
| 越南 | 27.45 | 10.05 | 11.74 | 5.21 | 9.02 | 3.96 | 48.21 | 16.24 |
| 泰國 | 25.81 | 10.52 | 11.78 | 4.82 | 8.47 | 3.55 | 46.06 | 16.08 |
| 菲律賓 | 27.58 | 9.77 | 11.10 | 4.21 | 8.06 | 3.11 | 46.74 | 14.39 |
| 其他 | 35.47 | 11.10 | 14.76 | 7.00 | 9.29 | 2.82 | 59.53 | 18.72 |

N＝1,148

再者，不同國籍之新移民女性，在參與子女學校教育情形量表及分量表上得分之差異分析，可由表 4-4-4 呈現之差異分析得知結果。由表 4-4-4 變異數分析結果得知，在家庭本位式參與上，不同國籍新移民女性的差異達顯著水準（F（5,1142）＝12.22，p＜.01），並經 Seheffé 法事後比較，大陸高於印尼、大陸高於越南、大陸高於泰國、其他高於印尼。在協助式參與上，不同國籍新移民女性的差異達顯著水準（F（5,1142）＝4.05，p＜.01），並經 Seheffé 法事後比較，兩兩之間有差異，但並不明顯。在總量表上，不同國籍新移民女性的差異達顯著水準（F（5,1142）＝8.85，p＜.01），並經 Seheffé 法事後比較，大陸高於印尼、大陸高於越南、其他高於印尼。至於不同國籍之新移民女性，在決策式參與得分上未達顯著差異。

表 4-4-4　不同國籍之新移民女性，在參與子女學校教育情形量表及分量表上得分之差異分析

| | 變異來源 | 離均差平方和 | 自由度 | 均方和 | F 檢定 | Scheffé 事後比較 |
|---|---|---|---|---|---|---|
| 家庭本位式 | 組間 | 5,980.26 | 5 | 1,196.05 | 12.22** | 大陸>印尼、大陸>越南、大陸>泰國、其他>印尼 |
| | 組內 | 111,778.83 | 1,142 | 97.88 | | |
| | 總和 | 117,759.09 | 1,147 | | | |
| 協助式 | 組間 | 481.21 | 5 | 96.24 | 4.05** | |
| | 組內 | 27,155.25 | 1,142 | 23.78 | | |
| | 總和 | 27,636.46 | 1,147 | | | |
| 決策式 | 組間 | 110.42 | 5 | 22.08 | 1.80 | |
| | 組內 | 14,027.55 | 1,142 | 12.28 | | |
| | 總和 | 14,137.97 | 1,147 | | | |
| 總量表 | 組間 | 10,397.46 | 5 | 2,079.49 | 8.85** | 大陸>印尼、大陸>越南、其他>印尼 |
| | 組內 | 268,328.32 | 1,142 | 234.96 | | |
| | 總和 | 278,725.78 | 1,147 | | | |

**p＜.01

## 三、不同華語能力之新移民女性，在參與子女學校教育情形量表及分量表上的差異

不同華語能力之新移民女性，在參與子女學校教育情形量表及分量表上的得分情形，可由表 4-4-5 得知結果。表 4-4-5 列出五個不同華語能力等級之新移民女性，在參與子女學校教育情形量表及分量表上得分之平均數、標準差。由表 4-4-5 得知，不同華語能力（完全不會說、能聽懂一些、能聽也能講一些日常對話、流利、非常流利）之新移民女性，在家庭本位式參與得分情形，非常流利者

最高，流利者其次，接下來依序為能聽也能講一些日常對話、完全不會說、能聽懂一些（M1＝23.31，SD1＝10.94；M2＝20.60，SD2＝9.49；M3＝25.13，SD3＝8.59；M4＝30.58，SD4＝9.41；M5＝35.05，SD5＝10.53）。在協助式參與得分情形，非常流利者最高，流利者其次，接下來依序為能聽也能講一些日常對話、完全不會說、能聽懂一些（M1＝11.59，SD1＝7.22；M2＝10.45，SD2＝4.82；M3＝10.82，SD3＝4.38；M4＝12.08，SD4＝4.96；M5＝12.46，SD5＝5.46）。在決策式參與得分情形，各個華語能力很接近（M1＝8.44，SD1＝4.79；M2＝8.51，SD2＝3.77；M3＝8.38，SD3＝3.39；M4＝8.87，SD4＝3.55；M5＝8.34，SD5＝3.28）。在總量表得分情形，非常流利者最高，流利者其次，接下來依序為能聽也能講一些日常對話、完全不會說、能聽懂一些（M1＝43.34，SD1＝20.53；M2＝39.55，SD2＝15.92；M3＝44.33，SD3＝13.77；M4＝51.54，SD4＝14.82；M5＝55.85，SD5＝16.03）。

表 4-4-5　不同華語能力之新移民女性，在參與子女學校教育情形量表及分量表上得分之平均數、標準差

| 華語能力 | 家庭本位式參與 | | 協助式參與 | | 決策式參與 | | 總量表 | |
|---|---|---|---|---|---|---|---|---|
| | 平均數 | 標準差 | 平均數 | 標準差 | 平均數 | 標準差 | 平均數 | 標準差 |
| 完全不會說（1） | 23.31 | 10.94 | 11.59 | 7.22 | 8.44 | 4.79 | 43.34 | 20.53 |
| 能聽懂一些（2） | 20.60 | 9.49 | 10.45 | 4.82 | 8.51 | 3.77 | 39.55 | 15.92 |
| 能聽也能講一些日常對話（3） | 25.13 | 8.59 | 10.82 | 4.38 | 8.38 | 3.39 | 44.33 | 13.77 |
| 流利（4） | 30.58 | 9.41 | 12.08 | 4.96 | 8.87 | 3.55 | 51.54 | 14.82 |
| 非常流利（5） | 35.05 | 10.53 | 12.46 | 5.46 | 8.34 | 3.28 | 55.85 | 16.03 |

N＝1,148

再者，表 4-4-6 呈現各種不同華語能力之新移民女性，在參與子女學校教育情形量表及分量表上得分之差異分析結果。由表 4-4-6 變異數分析結果得知，在家庭本位式參與上，不同華語能力之新移民女性，其參與子女學校教育情形之差異達顯著水準（F（4,1143）＝55.62，p＜.01），並經 Seheffé 法事後比較，非常流利高於流利、非常流利高於能聽也能說一些、非常流利高於能聽懂一些、非常流利高於完全不會、流利高於能聽也能說一些、流利高於能聽懂一些、流利高於完全不會、能聽也能說一些高於能聽懂一些。在協助式參與上，不同華語能力之新移民女性，其參與子女學校教育情形之差異達顯著水準（F（4,1143）＝6.15，p＜.01），並經 Seheffé 法事後比較，非常流利高於能聽也能說一些、流利高於能聽也能說一些。在總量表上，不同華語能力之新移民女性，其參與子女學校教育情形之差異達顯著水準（F（4,1143）＝30.93，p＜.01），並經 Seheffé 法事後比較，非常流利高於能聽也能說一些、非常流利高於能聽懂一些、非常流利高於完全不會、流利高於能聽也能說一些、流利高於能聽懂一些。至於不同華語能力之新移民女性，在決策式參與得分上未達顯著差異。

表 4-4-6　不同華語能力之新移民女性，在參與子女學校教育情形量表及分量表上得分之差異分析

| | 變異來源 | 離均差平方和 | 自由度 | 均方和 | F 檢定 | Scheffé 事後比較 |
|---|---|---|---|---|---|---|
| 家庭本位式參與 | 組間 | 19,185.27 | 4 | 4,796.32 | 55.62** | 5>4、5>3、5>2、5>1、4>3、4>2、4>1、3>2 |
| | 組內 | 98,573.82 | 1,143 | 86.24 | | |
| | 總和 | 117,759.09 | 1,147 | | | |

| | | | | | | |
|---|---|---|---|---|---|---|
| 協助式參與 | 組間 | 582.34 | 4 | 145.58 | 6.15** | 5>3、4>3 |
| | 組內 | 27,054.12 | 1,143 | 23.67 | | |
| | 總和 | 27,636.46 | 1,147 | | | |
| 決策式參與 | 組間 | 64.07 | 4 | 16.02 | 1.30 | |
| | 組內 | 14,073.90 | 1,143 | 12.31 | | |
| | 總和 | 14,137.97 | 1,147 | | | |
| 總量表 | 組間 | 27,223.13 | 4 | 6,805.78 | 30.93** | 5>3、5>2、5>1、4>3、4>2 |
| | 組內 | 251,502.64 | 1,143 | 220.04 | | |
| | 總和 | 278,725.78 | 1,147 | | | |

** $p < .01$；註：1－完全不會說、2－能聽懂一些、3－能聽也能講一些日常對話、4－流利、5－非常流利。

## 四、結果與討論

茲將本節研究結果與討論分述如下：

（一）不同社經地位之新移民女性，在參與子女學校教育總量表以及家庭本位式參與、協助式參與分量表上皆有顯著差異，高社經地位高於低社經地位，中社經地位高於低社經地位。惟在決策式參與上雖有差異，但差異並不明顯。

根據此研究結果進行下列討論，許多研究均指出，父母參與教育的程度與其社經地位成正相關（Epstein, 1987；Lareau, 1987；吳裕益，1993），本研究得到的結果也是如此。社經地位較低的新移民女性，教育程度較低以致於在參與子女學校教育上的能力有限，此外，新移民女性也要幫忙負擔家計，因此，時間也是影響新移民女性參與子女學校教育的主因之一。誠如 Riessman（1962）所提出家庭缺失論的理論，其論點指出不同模式的家庭參與學校教育會造成程度不一的影響，尤其對於缺乏文化培養或文化水平較低的家庭，家中的家長較不注重教育問題，再者，語文接受或表達的能力不足，也會趨於較少參與子女學校教育，所以，社經地位為家長參與程度低的問題核心（引自何瑞珠，1999）。然而，在決策式參與上差異並不明顯的原因，研究者推測由於低、中、高社經地位之新移民女性在決策式參與上的得分都非常的低，因此差異並不明顯。

（二）不同國籍之新移民女性，在參與子女學校教育總量表以及家庭本位式參與、協助式參與分量表上皆有顯著差異。在家庭本位式參與上，大陸高於印尼、大陸高於越南、大陸高於泰國、其他高於印尼。在協助式參與上，雖有差異，但兩兩之間未達顯著。在總量表上，大陸高於印尼、大陸高於越南、其他高於印尼。惟在決策式參與上，沒有達到顯著差異。

根據此研究結果進行下列討論，不同國籍之新移民女性，在參與子女學校教育總量表以及家庭本位式參與、協助式參與分量表上皆有顯著差異。在家庭本位式參與上，大陸高淤印尼、大陸高於越南、大陸高於泰國、其他高於印尼。在協助式參與上，雖有差異，但兩兩之間未達顯著。在總量表上，大陸高於印尼、大陸高於越南、其他高於印尼。惟在決策式參與上，沒有達到顯著差異。研究者推測，大陸籍配偶由於語言使用上較其他國籍流利，因此在參與子女學校教育上也較其他國籍配偶來的更為積極。故留待下段與華語能力變項一併討論。

（三）不同華語能力之新移民女性，在參與子女學校教育總量表以及家庭本位式參與、協助式參與分量表上皆有顯著差異。在家庭本位式參與上，非常流利高於流利、非常流利高於能聽也能說一些、非常流利高於能聽懂一些、非常流利高於完全不會、流利高於能聽也能說一些、流利高於能聽懂一些、流利高於完全不會、能聽也能說一些高於能聽懂一些。在協助式參與上，非常流利高於能聽也能說一些、流利高於能聽也能說一些。在總量表上，非常流利高於能聽也能說一些、非常流利高於能聽懂一些、非常流利高於完全不會、流利高於能聽也能說一些、流利高於能聽懂一些。惟在決策式參與上，沒有達到顯著差異。

根據此研究結果進行下列討論，本研究結果發現，新移民女性之華語能力與其參與子女學校教育有著密切相關，Pean（2000）也有相同的發現，其以質化研究探討德州派克小學中，墨西哥裔家長參與情形，其研究發現指出，語言障礙是影響家長參與子女學校教育的主要原因之一。再者，新移民女性在語言使用的品質，會影響指導子女課業學習的能力以及與老師溝通的意願，進一步也影響其協助式的參與以及學校決策式的參與。此外，謝慶皇（2004）也認為，新移民女性之中文程度，會影響其在教導子女課業上的信心。故研究者推測新移民女性的華語使用能力，使其在心理上較沒有自信，或許這是令其更不敢進入校園參與子女學校教育之原因。

## 第二節　新移民女性子女在學業成就之差異分析

本節首先以新移民女性之子女之不同背景變項，亦即性別、年級等之新移民女性子女，其學業成就得分之差異情形。以下分別呈現不同性別以及年級等兩個變項之新移民女性子女，其學業成就得分之平均數、標準差，並考驗其是否有差異；其次，再以新移民女性本身之不同背景變項，即社經地位、國籍、華語能力等之新移民女性，其子女在學業成就上得分之平均數、標準差，並考驗其是否有差異；最後再根據研究結果，綜合討論之。

## 壹、就新移民女性之子女進行分析

### 一、不同性別之新移民女性子女，其學業成就得分上的差異

不同性別之新移民女性子女，其學業成就的得分情形由表 4-3-1 可知，男性、女性新移民女性子女，其學業成就得分之平均數、標準差。由表 4-3-1 得知，不同性別（男性、女性）之新移民女性子女，其學業成就得分情形，女性平均數略高於男性平均數（M 男＝85.83，SD 男＝9.83；M 女＝88.12；SD 女＝8.13）。

再者，不同性別之新移民女性子女，其學業成就得分之差異情形由表 4-3-1 可知，現男性、女性新移民女性子女，其學業成就得分之差異分析結果。至於不同性別之新移民女性子女，其學業成就得分是否有差異，由表 4-3-1 平均數獨立樣本 t 考驗分析結果得知，在學業成就上，男性、女性之新移民女性子女有顯著差異（$t=4.31$，$P<.01$），女性新移民女性子女學業成就高於男性新移民女性子女。

表 4-3-1　不同性別之新移民女性子女，
其學業成就得分之平均數、標準差及差異分析

| 性別 | 人數 | 平均數 | 標準差 | t 值 |
|---|---|---|---|---|
| 男性 | 594 | 85.83 | 9.83 | 4.31＊＊ |
| 女性 | 554 | 88.12 | 8.13 | |

＊＊P＜.01

## 二、不同年級之新移民女性子女，其學業成就得分上的差異

不同年級之新移民女性子女，其學業成就得分情形由表 4-3-2 可知，低、中、高年級新移民女性子女，其學業成就得分之平均數、標準差。由表 4-3-2 得知，不同年級（低、中、高年級）之新移民女性子女，其學業成就得分得分情形，低年級較高，中年級次之，低年級最低（M 低＝88.74，SD 低＝7.85；M 中＝86.06，SD 中＝9.79；M 高＝82.85，SD 高＝10.02）。

表 4-3-2　不同年級之新移民女性子女，
其學業成就得分之平均數、標準差

| 年級 | 人數 | 平均數 | 標準差 |
|---|---|---|---|
| 低 | 603 | 88.74 | 7.85 |
| 中 | 354 | 86.06 | 9.79 |
| 高 | 191 | 82.85 | 10.02 |
| 總和 | 1,148 | 86.93 | 9.12 |

再者，不同年級之新移民女性子女，其學業成就得分之差異分析，可由表 4-3-3 呈現低、中、高年級，不同年級之新移民女性子女，其學業成就得分之差異分析結果。至於不同年級之新移民女性子女，其學業成就得分是否有差異，由表 4-3-3 單因子變異數分析結果得知，在學業成就表現上，不同年級之新移民女性子女，其學業成就得分之差異達顯著水準（F（2,1145）＝34.45，p＜.01），並經 Seheffé 法事後比較，低年級高於中年級，低年級高於高年級，中年級高於高年級。

表 4-3-3　不同年級之新移民女性子女，其學業成就得分之差異分析

<table>
<tr><th></th><th>變異來源</th><th>離均差平方和</th><th>自由度</th><th>均方和</th><th>F 檢定</th><th>Scheffé 事後比較</th></tr>
<tr><td rowspan="3">學業成就</td><td>組間</td><td>5,412.37</td><td>2</td><td>2,706.19</td><td>34.45**</td><td rowspan="3">低年級＞中年級<br>低年級＞高年級<br>中年級＞高年級</td></tr>
<tr><td>組內</td><td>89,943.86</td><td>1,145</td><td>78.55</td><td></td></tr>
<tr><td>總和</td><td>95,356.23</td><td>1,147</td><td></td><td></td></tr>
</table>

＊＊p＜.01

## 三、結果與討論

茲將本節之研究結果與討論歸納如下：

（一）不同性別之新移民女性子女，在學業成就上有顯著差異，女性新移民女性子女學業成就高於男性新移民女性子女。

本研究發現，女性之新移民女性子女在學業成就上優於男性新移民女性子女。根據 Landsberger（1981）對 300 位國小學生採縱貫式研究發現，在剛入學時，男生程度大致相同，但到三年級後，

男生的學業成就便漸漸顯得落後。而吳裕益（1993）的調查研究也發現，國小高年級女生學業成就稍高於男生。此外，Felson 與 Trudeau（1991）、李宛真（2004）、陳怡君（1994）、陳翠華（1996）、謝亞恆（2004）也皆指出，性別和學業成就有顯著正相關，皆與本研究結果相同。

（二）不同年級之新移民女性子女，其學業成就得分之差異達顯著水準，低年級高於中年級，低年級高於高年級，中年級高於高年級。

本研究發現，新移民女性子女之學業成就，會隨著年級增加而降低。由於新移民女性參與子女學校教育情形原本就不高，加上受限於個人的能力與子女教材越來越加深，在課業指導上更加無能為力。上述情形，本研究推測，課程內容原本就隨著年級加深，新移民女性家庭的社經地位並不高，除了父母本身因為工作時間忙碌與課業指導能力上的不足之外，也較沒有機會參加安親班、課後輔導等等補救教學，而級任教師在時間與精力上也是有限，使得新移民女性子女得不到需要的補救教學，可能是造成新移民女性子女學業成就逐年降低的主要原因。

## 貳、就新移民女性進行分析

### 一、不同社經地位之新移民女性，其子女在學業成就上的差異

不同社經地位之新移民女性，其子女在學業成就上的得分情形，可由表 4-5-1 之資料得知，區分為低、中、高社經地位。根據

不同社經地位之新移民女性，其子女在學業成就上得分之平均數、標準差之結果，可知不同社經地位之新移民女性，其子女在學業成就上的得分情形為：高社經地位最高，其次為中社經地位，低社經地位得分最低（M 低＝85.84，SD 低＝10.06；M 中＝88.56，SD 中＝7.19；M 高＝90.64，SD 高＝6.63）。

表 4-5-1　不同社經地位之新移民女性，
其子女在學業成就上得分之平均數、標準差

| 社經地位 | 人數 | 平均數 | 標準差 |
|---|---|---|---|
| 低 | 690 | 85.84 | 10.06 |
| 中 | 453 | 88.56 | 7.19 |
| 高 | 5 | 90.64 | 6.63 |
| 總和 | 1,148 | 86.93 | 9.12 |

再者，表 4-5-2 呈現不同社經地位之新移民女性，其子女在學業成就上得分的差異分析結果。由表 4-5-2 變異數分析結果得知，在學業成就上，不同社經地位的差異達顯著水準（F（2,1145）＝12.90，p＜.01），並經 Seheffé 法事後比較，中社經地位者優於低社經地位者。

表 4-5-2　不同社經地位之新移民女性，
其子女在學業成就上得分的差異分析

| | 變異來源 | 離均差平方和 | 自由度 | 均方和 | F 檢定 | Scheffé 事後比較 |
|---|---|---|---|---|---|---|
| 學業成就 | 組間 | 2,100.43 | 2 | 1,050.21 | 12.90** | 中社經＞低社經 |
| | 組內 | 93,255.80 | 1,145 | 81.45 | | |
| | 總和 | 95,356.23 | 1,147 | | | |

**p＜.01

## 二、不同國籍之新移民女性，其子女在學業成就上得分的差異

表 4-4-3 列出不同國籍之新移民女性，其子女在學業成就上得分之平均數、標準差結果。由表 4-5-3 得知，不同國籍（大陸、印尼、越南、泰國、菲律賓、其他）之新移民女性，其子女在學業成就上的得分情形，大陸籍最高，其次為越南籍，印尼籍、其他分數很接近，菲律賓籍與泰國籍分數較低（M 大＝88.76，SD 大＝8.38；M 印＝86.11，SD 印＝9.22；M 越＝88.11，SD 越＝8.60；M 泰＝84.36，SD 泰＝12.55；M 菲＝85.36，SD 菲＝9.00；M 其＝86.83，SD 其＝8.62）。

表 4-5-3　不同國籍之新移民女性，
其子女在學業成就上得分之平均數、標準差

| 國籍 | 人數 | 平均數 | 標準差 |
|---|---|---|---|
| 大陸 | 169 | 88.76 | 8.38 |
| 印尼 | 611 | 86.11 | 9.22 |
| 越南 | 284 | 88.11 | 8.60 |
| 泰國 | 36 | 84.36 | 12.55 |
| 菲律賓 | 31 | 85.36 | 9.00 |
| 其他 | 17 | 86.83 | 8.62 |
| 總和 | 1,148 | 86.93 | 9.12 |

再者，表 4-5-4 呈現不同國籍之新移民女性，其子女在學業成就上得分之差異分析結果。由表 4-5-4 變異數分析結果得知，在學業成就上，不同國籍之新移民女性，其子女在學業成就上之差異達顯著水準（F（5,1142）＝4.101，p＜.01），並經 Seheffé 法事後比較，大陸籍子女學業成就優於印尼籍子女。

表 4-5-4　不同國籍之新移民女性，其子女在學業成就上得分之差異分析

|  | 變異來源 | 離均差平方和 | 自由度 | 均方和 | F 檢定 | Scheffé 事後比較 |
|---|---|---|---|---|---|---|
| 學業成就 | 組間 | 1682.01 | 5 | 336.401 | 4.101** | 大陸籍＞印尼籍 |
|  | 組內 | 93674.22 | 1142 | 82.026 |  |  |
|  | 總和 | 95356.23 | 1147 |  |  |  |

$^{**}p < .01$

## 三、不同華語能力之新移民女性，其子女在學業成就上得分的差異

表 4-5-5 列出完全不會說、能聽懂一些、能聽也能講一些日常對話、流利以及非常流利等五種不同華語能力之新移民女性，其子女在學業成就上得分之平均數、標準差之結果。由表 4-5-5 得知，不同華語能力（完全不會說、能聽懂一些、能聽也能講一些日常對話、流利、非常流利）之新移民女性，其子女在學業成就上的得分情形，非常流利者最高，流利者其次，接下來依序為能聽也能講一些日常對話、完全不會說、能聽懂一些（M1＝85.43，SD1＝8.71；M2＝83.31，SD2＝12.22；M3＝86.28，SD3＝8.95；M4＝87.57，SD4＝8.92；M5＝89.85，SD5＝6.75）。

表 4-5-5　不同華語能力之新移民女性，
其子女在學業成就上得分之平均數、標準差

| 華語能力 | 人數 | 平均數 | 標準差 |
|---|---|---|---|
| 完全不會說（1） | 32 | 85.43 | 8.71 |
| 能聽懂一些（2） | 89 | 83.31 | 12.22 |
| 能聽也能講一些日常對話（3） | 465 | 86.28 | 8.95 |
| 流利（4） | 422 | 87.57 | 8.92 |
| 非常流利（5） | 140 | 89.85 | 6.75 |
| 總和 | 1,148 | 86.93 | 9.12 |

再者，表 4-5-6 呈現完全不會說、能聽懂一些、能聽也能講一些日常對話、流利以及非常流利等不同華語能力之新移民女性，其子女在學業成就上得分之差異分析結果。由表 4-5-6 變異數分析結果得知，在學業成就上，不同華語能力之新移民女性，其子女之學業成就差異達顯著水準（$F(4,1143)=8.65$，$p<.01$），並經 Seheffé 法事後比較，流利優於能聽懂一些、非常流利高於能聽懂一些、非常流利高於能聽也能說一些。

表 4-5-6　不同華語能力之新移民女性，
其子女在學業成就上得分之差異分析

| | 變異來源 | 離均差平方和 | 自由度 | 均方和 | F 檢定 | Scheffé 事後比較 |
|---|---|---|---|---|---|---|
| 學業成就 | 組間 | 2800.63 | 4 | 700.16 | 8.65＊＊ | 4＞2，<br>5＞2，<br>5＞3 |
| | 組內 | 92555.60 | 1143 | 80.98 | | |
| | 總和 | 95356.23 | 1147 | | | |

＊＊p＜.01；

註：1－完全不會說、2－能聽懂一些、3－能聽也能講一些日常對話、4－流利、5－非常流利。

## 四、結果與討論

茲將本節研究結果與討論歸納如下：

（一）不同社經地位之新移民女性，其子女在學業成就上有顯著差異，中社經地位者優於低社經地位者。若家庭社經地位是探討家庭因素與兒童學業成就關係時，常被考慮的一個重要變項（謝孟穎，2002）。Boocock（1980）也指出，家庭背景因素中最能預測兒童學校表現的是社經地位，家庭社經地位越高，兒童學業成就也越高。由此可見家庭社經地位對於學童學業成就的重要性（石培欣，2000）。根據本研究發現，新移民女性家庭社經地位偏低，也因此影響了其子女在學業成就上的表現，與其學業成就越高其子女學業與社經地位成正相關。

（二）不同國籍之新移民女性，其子女在學業成就上有顯著差異，大陸籍子女學業成就優於印尼籍子女。根據此結果發現，不同國籍新移民女性子女，在學業表現上以大陸籍配偶子女表現較好。研究者推測，新移民女性之華語能力原本就以大陸籍較佳，透過學校教育，更會拉大其對語言運用能力的差距，進而影響學業成就。

（三）不同華語能力之新移民女性，其子女之學業成就上有顯著差異，流利優於能聽懂一些、非常流利高於能聽懂一些、非常流利高於能聽也能說一些。事實上，母親的語文能力也會影響子女的學業成就，周天賜與吳武典（1980）指出，社經地位較低的兒童，入學時的學習準備不足，在家中無法學到正確的發音、文法及句型，以至於語言品質差、語型不當、詞彙貧乏。新移民女性原本就因社經地位較低，再加上因國籍造成的華語能力差異，使得其子女之語言能力也間接受到影響，有限的語言能力進而限制了表達能力及思考方式的發展，進而影響學業成就。立法院於 2005 年 5 月 20 日三讀通過國籍法修正，增訂外國人申請歸化應具備我國基本語言能力及國民權利義務基本常識之規定。自此之後，新移民女性的華語能力或許應該能具備基礎的水準。

## 第三節　新移民女性家長參與及其子女學業成就之相關性分析

本節描述不同參與情形以 27%及 73%分組（低、中、高）之新移民女性，其子女學業成就上的平均數、標準差，以變異數分析法考驗是否有差異，並且以積差相關分析法，剖析新移民女性參與子女學校教育情形與其子女學業成就之間的關係。

首先，根據新移民女性家長參與情形與其子女學業成就之差異進行分析。表 4-6-1 列出新移民女性參與子女學校教育情形得分為低、中、高三組，其子女在學業成就得分之平均數、標準差。由表 4-6-1 可知，新移民女性參與情形得分高，其子女學業成就平均數較高，新移民女性參與情形得分低，其子女學業成就平均數也較低（M 低＝84.24，SD 低＝9.55；M 中＝87.11，SD 中＝8.07；M 高＝89.24，SD 高＝10.11）。

再者，表 4-6-2 呈現不同參與情形（低、中、高）之新移民女性子女在學業成就上得分的差異分析。由表 4-6-2 變異數分析結果得知，在學業成就上，不同參與情形（低、中、高）的差異達顯著水準（F（2,1145）＝21.67，p＜.01），並經 Scheffé 事後比較，新移民女性參與子女學校教育情形得分高者，其子女學業成就優於參與得分低者，參與得分高者優於參與得分中等者。

表 4-6-1　不同參與情形之新移民女性子女在學業成就上之平均數、標準差

| 年級 | 人數 | 平均數 | 標準差 |
|---|---|---|---|
| 低 | 275 | 84.24 | 9.55 |
| 中 | 599 | 87.11 | 8.07 |
| 高 | 274 | 89.24 | 10.11 |
| 總和 | 1,148 | 86.93 | 9.12 |

表 4-6-2　不同參與情形（低、中、高）
之新移民女性子女在學業成就上得分的差異分析

| | 離均差平方和 | 自由度 | 均方和 | F 檢定 | Scheffé 事後比較 |
|---|---|---|---|---|---|
| 組間 | 3,478.29 | 2 | 1,739.15 | 21.67** | 高參與＞低參與<br>高參與＞中參與 |
| 組內 | 91,877.94 | 1,145 | 80.24 | | |
| 總和 | 95,356.23 | 1,147 | | | |

**p＜.01

至於，分析新移民女性家長參與情形與其子女學業成就之間的相關性，則可由表 4-6-3 所列出之新移民女性參與子女學校教育量表結果可知，包括家庭本位式參與、協助式參與、決策式參與等三個分量表，與學業成就上得分之 Pearson 積差相關分析結果。由表

4-6-3 可知，就分量表而言，家庭本位式參與和學業成就（$r=.26$，$p<.01$）、協助式參與和學業成就（$r=.13$，$p<.01$）、決策式參與和學業成就（$r=.07$，$p<.05$）有顯著相關。就總量表而言，新移民女性參與子女學校教育情形和子女學業成就有顯著相關（$r=.22$，$p<.01$）。

表 4-6-3　新移民女性參與子女學校教育與子女學業成就之積差相關矩陣

| 相關 r | 家庭本位式參與 | 協助式參與 | 決策式參與 | 總量表 | 學業成就 |
|---|---|---|---|---|---|
| 家庭本位式參與 | 1.00 | | | | |
| 協助式參與 | .54** | 1.00 | | | |
| 決策式參與 | .35** | .74** | 1.00 | | |
| 總量表 | .90** | .83** | .69** | 1.00 | |
| 學業成就 | .26** | .13** | .07* | .22** | 1.00 |

$^{*}p<.05$　$^{**}p<.01$

最後，將本節之研究結果與討論，歸納如下：

一、不同參與情形之新移民女性，其子女在學業成就上有顯著差異。新移民女性參與子女學校教育得分高者，其子女學業成就優於參與得分中等以及得分低者。曾有研究結果指出，家長參與學校教育愈積極，愈能提高學生的學習成就，父母對子女的參與程度越高、越關心，孩子的學業表現會越好（吳武典、林繼盛，1985；蔡毓智，2002）。換言之，家長的參與和孩子的學業成績成就有正向的相關。本研究針對新移民女性也有相似的發現，新移民女性參與子女學校教育得分越高，其子女在學業成就上的表現也較高。

二、新移民女性參與子女學校教育情形和子女學業成就之間存在顯著正相關。根據 Epstein（1985）的研究，父母參與子女的學習活動，使父母透過讚賞、期望、與學校的接觸、在家中的指導等方式，影響子女的學業成就，也能改善子女的學習態度與行為；此一說法與本研究的發現接近。另外，Coleman（1998）也指出，父母為子女學習所提供的資源與支持，如對子女教育的關心、與子女正向的互動、和學校教師的聯繫，關心子女在校的學習情形，都會影響兒童的學習成果。

此外，盧焜煌（2003）認為家長的參與度是決定學生學業成就的關鍵因素之一，同時，由於家長的參與也使得孩子作業完成的情形較為良好，而且孩子在閱讀的成績也比較好，家長的參與和孩子的學業成績成就有正向的相關。這些研究都可作為本研究發現之佐證，新移民女性在子女學校教育上參與度愈高，其子女之學業成就表現也愈好。

## 第四節　預測影響新移民女性子女學業成就的因素

本節採逐步多元迴歸分析來分析新移民女性家長參與子女學校教育情形，包含家庭本位式參與、協助式參與、決策式參與，以及社經地位，對新移民女性子女學業成就的預測情形。

首先說明本研究的預測新移民女性子女學業成就的多元迴歸方程式為：

$Y = \beta_1 \times X_1 + \beta_2 \times X_2$

Y：新移民女性子女學業成就

$X_1$：新移民女性家庭本位式參與

$X_2$：社經地位

本研究在逐步迴歸分析過程中，首先被選入的因素為新移民女性家長參與之家庭本位式參與情形，具有 6.6%的解釋量，最具預測力；第二個被選入的因素為社經地位，具有 1.4%的解釋量，聯合解釋變異量為 8.0%，對於新移民女性子女之學業成就有 8.0%的預測力，如表 4-7-1 所示。再者，由表 4-7-2 之逐步多元迴歸分析結果可知，預測新移民女性子女學業成就之迴歸分析方程式為：

新移民女性子女學業成就＝.23×新移民女性家庭本位式參與＋.12×社經地位。

表 4-7-1 影響因素對新移民女性子女學業成就之解釋量

| 模式 | R | R2 | R2 改變量 | F 改變 |
|---|---|---|---|---|
| 1 | .257a | .066 | .066 | 81.343*** |
| 2 | .284b | .080 | .014 | 17.648*** |
| 總合 | | | .080 | |

*** P＜.001；a.預測變數：(常數)，家庭本位式參與；b.預測變數：(常數)，家庭本位式參與，社經地位

表 4-7-2 多元迴歸分析結果摘要表

| 模式 | 未標準化係數 | | 標準化係數 | t 值 |
|---|---|---|---|---|
| | β 之估計值 | 標準誤 | β | |
| 常數 | 77.28 | 1.07 | | 72.10*** |
| 家庭本位式參與 | .21 | .03 | .23 | 7.99*** |
| 社經地位 | .22 | .05 | .12 | 4.20*** |

***P＜.001

根據上述研究結果發現，新移民女性子女之家庭本位式參與對於其子女之學業成就有 6.6%的解釋量，可知新移民女性在家中扮演老師、陪同學習者角色的重要性。新移民女性受限於社經地位以及個人的國籍、華語能力等，在參與子女學校教育上多半還是以家庭本位式參與為主要的參與方式，包括子女在家中的指導課業以及非課業的學習活動，如提供子女學習所需要的文具用品、設置家庭環境支援兒童在不同年齡及年級階段學習需求、協助子女完成作業、準備學習資料、談論學校生活等，然而這樣的參與方式卻是影響子女學業成就最鉅者。這也呼應了林清江（1991）的說法，即使父母本身的教育程度或職業地位偏低，如果對子女教育多關懷，即便僅是在家中的課業指導、環境支援或心理上的積極關注，子女仍有較佳的學業表現。

然而，不可諱言的是，家庭的社經地位越高，可能更有助於子女的教育。Meighan（1993）認為，社會階級會影響教育的成敗，不同的階級有不同的文化，而這些因素與其在學校中的生活息息相關，一般而言，中產階級的文化對學校教育的成功較有利。而教育資源的多寡也因階級產生差異，社經地位較高的家庭，在教育資源各方面，如設備、課外閱讀等的支持較為完善，也會提高子女的學業成就。

# 第五章　結論與建議

本章共計兩節就本研究的結果提出相關的結論與建議分述如下。

## 第一節　結論

首先，就參與本研究之研究者的基本背景資料之結論敘述如下：

一、參與本研究之就讀國小階段的雲林縣新移民女性子女中，男性多於女性。

二、參與本研究之就讀國小階段的雲林縣新移民女性子女中，低年級者人數最多，其次是中年級，高年級人數最少。

三、參與本研究之雲林縣新移民女性之家庭設基定位，以低社經地位者最多，其次是中社經地位者，高社經地位者最少。

四、參與本研究之雲林縣新移民女性之國籍，以印尼籍人數為最多，約佔半數；其次依序為越南籍、大陸籍、泰國籍、菲律賓籍；其他國籍者最少。

五、參與本研究之雲林縣新移民女性之華語能力，能聽也能講一些日常對話之人數佔最多，其次依序為流利者、非常流利者、能聽懂一些者；完全不會說者有 2.8%。

再者，以下將參與本研究之新移民女性之家長參與子女學校教育情形，分別就新移民女性子女、新移民女性兩部分分述如下：

一、就新移民女性子女而言，其母親參與教育情形為：

(一) 新移民女性之家長參與子女學校教育情形，不因其子女的性別不同而產生不同的差別。

(二) 新移民女性之家長參與子女學校教育情形，不因其子女就學的年級不同而產生不同的差別。

二、就新移民女性而言，其家長參與子女學校教育情形為：

(一) 新移民女性本身之家長參與子女學校教育情形，會因家庭社經地位之不同而產生差異性，其中，以家長參與學校教育之家庭本位式參與、協助式參產生差異性；高社經地位者高於低社經地位，中社經地位者高於低社經地位。惟在家長參與學校教育之決策式參與方面雖產生差異性，但其差異性並不十分明顯。

(二) 新移民女性本身之家長參與子女學校教育情形，會因新移民女性之不同國籍而產生差異性，其中，以家長參與學校教育之家庭本位式參與、協助式參產生差異性；在家長參與學校教育之家庭本位式參與方面，大陸籍者高於印尼籍、大陸籍者高於越南籍、大陸籍者高於泰國籍、其他國籍者高於印尼籍。再者，在家長參與學校教育之協助式參與上，雖因新移民女性之國籍不同有差異性，但兩兩之間進行比較時，則沒有產生差異性，此係因本研究中所採用的統計分析法之故。至於，整體之移民女性本身之家長參與子女學校教育情形而言，大陸籍者高於印尼籍、大陸籍者高於越南籍、其他國籍者高於印尼籍。惟在家長參與子女學校教育之決策式參與方面，不會因為新移民女性本身之不同國籍產生差異性。

(三) 新移民女性本身之家長參與子女學校教育情形，會因新移民女性之不同華語能力而產生差異性，其中，以整體之家長參與學校教育、家長參與學校教育之家庭本位式參與、協助式參與產生差異性；在家長參與學校教育之家庭本位式參與上，新移民女性之華語能力非常流利者高於流利者、非常流利者高於能聽也能說一些者、非常流利者高於能聽懂一些者、非常流利者高於完全不會者、流利者高於能聽也能說一些者、流利者高於能聽懂一些者、流利者高於完全不會者、能聽也能說一些者高於能聽懂一些者。

再者，家長參與學校教育之在協助式參與上，非常流利者高於能聽也能說一些者、流利者高於能聽也能說一些者。至於在整體之新移民女性本身之家長參與子女學校教育上，非常流利者高於能聽也能說一些者、非常流利者高於能聽懂一些者、非常流利者高於完全不會者、流利者高於能聽也能說一些者、流利者高於能聽懂一些者。然而，在家長參與學校教育之決策式參與上，則不因新移民女性之華語能力之不同而產生差異性。

接下來，以下將參與本研究之新移民女性之子女之學業成就，分別就新移民女性子女、新移民女性兩部分分述如下：

一、就新移民女性子女而言，其學業成就表現情形為：

(一) 新移民女性子女會因其本身之不同性別，在學業成就表現上產生差異性，女性新移民女性子女之學業成就高於男性新移民女性子女。

(二)新移民女性子女會因其本身之不同之就學年級，在學業成就表現上產生差異性，其中，就讀低年級者高於中年級、就讀低年級者高於高年級、就讀中年級者高於高年級。

二、就新移民女性而言，其子女學業成就表現情形為：

(一) 新移民女性子女之學業成就表現，會因新移民女性之家庭社經地位不同產生差異；新移民女性家庭為中社經地位者，其子女學校成就表現優於低社經地位者。

(二) 新移民女性子女之學業成就表現，會因新移民女性之家庭社經地位不同國籍產生差異；新移民女性之國籍為大陸籍者，其子女學校成就表現優於印尼籍者之子女。

(三) 新移民女性子女之學業成就表現，會因新移民女性之家庭社經地位不同華語能力產生差異；新移民女性之華語能力流利者，其子女學校成就表現優於能聽懂一些者之子女、華語能力非常流利者其子女學校成就表現優於高於能聽懂一些者、華語能力非常流利者其子女學校成就表現優於能聽也能說一些者之子女。

(四) 新移民女性子女之學業成就表現，會因新移民女性之家長參與子女學校教育情形產生差異性；新移民女性之家長參與子女學校教育程度越高者，其子女學業成就表現優於中度參與者以及低程度參與者。

最後，以下將敘述新移民女性參與子女學校教育與其子女學業成就表現之相關性，新移民女性之家長參與子女學校教育情形與其子女學業成就表現之間存在相關性，參與程度越高者，其子女之學業成就表現越高。至於在新移民女之家長參與子女學校教育之家庭本位式參與、新移民女之家庭社經地位，能夠預測子女學業成就表現。

## 第二節　建議

本節以上述研究結論為基礎，配合相關理論與先前討論，針對關心本相關議題之人士、教育相關單位等實務應用者，提出相關建議；此外，亦對後續欲對本相關議題進行研究者提出相關建議，期能透過本書之研究結果、結論與建議，在實證資料之提供上略盡棉薄之力與貢獻。

首先，對實務應用上的建議如下：

### 一、對教育相關單位之建議

根據本書之結果與結論可知，新移民女性華語能力、家長參與子女學校教育與其子女學業成就表現之間存在相關性；新移民女性華語能力愈流利者、新移民女性家長參與子女學校教育程度越高者，其子女學業成就表現優於家長參與子女學校教育程度中、低參與程度者。故若能提升新移民女性之華語能力，在提升其參與子女學校教育程度上或許能有正面效果；提升新移民女性之華語能力實為協助新移民女性親職教育首要之務。立法院雖已於 2005 年 5 月 20 日三讀通過國籍法修正，增訂外國人申請歸化應具備我國基本語言能力及國民權利義務基本常識之規定，但在新移民女性取得國籍之後，研究者認為仍要不斷提供進修的機會，持續提升新移民女性之華語能力，亦即提升新移民女性參與子女學校教育的能力。

因此建議相關單位除了加強新移民女性生活適應輔導及成人基本教育課程之外，應該整合各相關部會以及學者專家，建立一套新移民女性義務教育課程規劃，強制規定新移民女性進行文化融入、子女教養、法律等的一系列課程規劃。目前各縣市政府缺乏一個整合、有系統的課程規劃，各縣市政府步調不一。建議政府教育主管單位可以制定一套必修課程，各地方縣市政府再依各地方特色、風俗民情彈性規劃地方課程，並發給新移民女性研習證書，鼓勵進修；如此，對於在提升新移民女性之華語能力應可以有所助益。

## 二、對學校的建議

### （一）擬定新移民女性家庭親職成長計畫

本書之結論提出，新移民女性之參與情形在子女學業成就中扮演重要的角色，但是整體而言，新移民女性參與子女學校教育情形普遍並不高。因此，本研究建議應該在相關活動或課程中加入家長參與相關之能的研習，指導新移民女性如何有效參與子女學校教育以及輔助子女學習。此舉有賴於學校與老師的積極倡導和推動。

故建議學校單位可針對本身條件，結合社區各項人力、物力、財力等等社區資源，辦理新移民女性家長親職成長活動，如親職教育講座，並盡量邀請父母甚至孩子一同參加，且考量家長上班時間，應盡量將活動時間安排於晚上或者假日，提供新移民女性家庭學習機會。

### （二）新移民女性子女的學習協助計畫

本書之結論提出，新移民女性家庭多屬於社經地位較差者，而社經地位又與母親在參與子女學校教育上有密切的關係，其成長中的子女由於先天環境文化刺激不足造成語文發展嚴重受到影響，進而將陸續面臨一連串社會文化與就學適應等問題，因此，有必要提供這些家庭及兒童早期資源之介入，藉以降低不利其子女教養學習的弱勢環境。

因此建議針對新移民女性子女進行補救教學，人力資源可來自教師、愛心媽媽、社區人士等等，經費可透過民間公益團體、教育部教育優先區等爭取。其實現階段許多民間公益團體皆積極投入輔導新移民女性子女之教育，如新境界文教基金會於 2004 年 7 月 31 日號召企業界和社福團體共同組成行動聯盟，包括伊甸社會福利基金會、彭婉如文教基金會、國際同濟會兒童福利基金會等，共同發起寶貝台灣之子計畫，希望能夠拋磚引玉，喚起社會大眾更加關注這群相對弱勢的「台灣之子」（中時電子報，

2004）。因此，建議學校除了向教育行政單位申請相關的教育補助計畫外，也可結合各民間公益團體的各項輔助活動，共同攜手寶貝台灣之子。

## 三、對教師的建議

### （一）積極主動與新移民女性家長聯繫

本書之結論提出新移民女性由於對台灣教育環境較為陌生，加上華語能力不足之問題，導致新移民女性在參與子女學校教育的認知和能力上也較為不足，雖對教師也較為信任及依賴，但是在親師溝通上也產生較多障礙。故建議教師要積極主動的與新移民女性家長聯繫，透過雙向溝通的親師合作，令新移民女性之子女亦能有一個更健全與優質的教育環境。

### （二）加強溝通的技巧與善用各種溝通方式

本書之結論提出，新移民女性語言表達能力大不相同，除了大陸籍的配偶在語言與我們相似之外，與其他國籍之新移民女性的溝通是老師的一大挑戰。老師在與新移民女性溝通上要更有技巧及耐心，並以簡單、清楚並輔以肢體動作的方式進行溝通。另外，在語言的使用上，國台語夾雜有其必要性，說話的速度也要放慢，教師應多利用親師之間，正式或非正式的互動機會，適時傳達正確的教育理念。親師雙方展開合作，並非一蹴可幾，如何形成良性互動，需要彼此溝通、了解，尋找合作模式。

### （三）深入了解學生的家庭背景

本書之結論提出，新移民女性的家庭社經地位與其子女學業成就間存在相關性。由於每個新移民女性的背景與來台原因並不相同，且社經地位等家庭背景也有差異，故在參與子女學校教育上面臨的問題與所需要的援助也不一樣。因此建議教師或可主動且深入了解新移民女性子女家庭背景，以提供必要且適當的協助，如此在面對新移民女性子女之學業學習上亦能產生助益。

## 四、對新移民女性家庭的建議

### （一）鼓勵新移民女性家庭之父親角色參與子女學校教育

新移民女性家庭多半是由母親擔任教養的工作，可能因素是父親是扮演家庭經濟重要的角色，在家時間較少以致於無法協助孩子學習。因此建議父親多利用其他方式，如提供學習的環境、主動關心孩子學習狀況等等，積極參與孩子的學習過程。

### （二）選擇適合的參與管道

根據本書之研究結果與結論可知，不同家庭的特性會產生不一樣的參與結果，這些家庭特性包括：家庭結構、家長教育程度、經濟收入、職業狀況、子女數等等。而根據本研究結果，新移民女性的社經地位、國籍以及華語能力，的確會對其參與子女學校教育情形以及子女學業成就造成影響。因此建議新移民女性家庭應考量自己家庭的特性，選擇合宜的參與方案或管道。依據本研究結果的發現，新移民女性在參與子女學校教育上以家庭本位式參與為主，而家庭本位式的參與亦能有效預測其子女之學業成就，因此建議新移民女性能積極地參與子女家庭本位式學習過程，以提高子女學習的成效。

最後，本書對後續欲進行此相關議題之研究者提出之建議如下：

## 一、在研究對象上

本書中以雲林縣新移民女性為研究對象，未來研究可進一步探討本國籍母親之參與子女學校教育情形，比較新移民女性與本國籍母親在參與子女學校教育上是否有差異。另外，研究對象可將父親加入一起探討，比較新移民女性家庭父親與母親之參與子女學校教育情形是否有差異。

## 二、在研究變項上

本書中對雲林縣新移民女性子女學業成就之預測力為 8%，故建議在未來研究可加入其他變項探討。就學生本身的因素而言，智力、學習動機等皆有可能影響學業成就。另外，刻板印象中，父母參與子女學校教育情形似乎存在著城鄉差距，而親師溝通是否良好以及教師的人格特質等亦是影響家長參與子女學校教育的因素，故本書建議，在自變項部份，未來的研究可再納入學生本身、學校、教師等背景變項探討。

另外，本書中之研究發現，新移民女性子女在學業表現上有顯著差異，但是本研究之學業成就是採所有學習領域之平均分數，因此無法分析究竟是在哪些學科上有差異，故未來的研究針對單學習領域或是多個學習領域做比較。

## 三、在研究方法上

本書中之研究採問卷調查法，僅能以統計數據作為解釋之依據，故建議未來之研究，可兼採質性研究法，進一步探究影響新移民女性參與子女學校教育之深入原因，才能針對新移民女性面臨的困境，提出有效解決之道。另外，本書中之採用橫斷研究法，僅收集某一時間點之資料，雖然能了解此時此刻新移民女性參與子女學校教育情形以及其子女的學業成就，但是新移民女性參與子女學校教育情形以及其子女的學業成就，會因為不同的時間點上有所改變，故未來研究可採用縱貫研究法做長期的觀察。

# 參考文獻

丁金松（2001）。學校本位課程發展中不可或缺的角色~家長參與之角色與功能的探究。**研習資訊。18**（1）。45-52。

中時電子報（2004）。**寶貝台灣之子、催生行動聯盟**。瀏覽日期：2005 年 5 月 20 日。取自：http://ccms.ntu.edu.tw/~psc/pop_news9308/080101.htm。

內政部（2003a）。**外籍與大陸配偶輔導與教育專案報告**。瀏覽日期：2004 年 11 月 19 日。取自：http://www.ris.gov.tw。

內政部（2003b）。**九十二年第二十五週內政統計通報——91 年結婚者國籍別統計（按發生日期統計）**。瀏覽日期：2004 年 11 月 19 日。取自：http://www.moi.gov.tw。

內政部（2004a）。**九十三年第二十二週內政統計通報——92 年結婚者國籍別統計（按發生日期統計）**。瀏覽日期：2005 年 3 月 19 日。取自：http://www.moi.gov.tw。

內政部戶政司（2004b）。**臺閩地區最近六年嬰兒出生數按生母國籍**。瀏覽日期：2004 年 10 月 7 日。取自：http://www.ris.gov.tw。

內政部戶政司（2004c）。**台閩地區結婚人數按新娘新郎國籍分**。瀏覽日期：2005 年 1 月 15 日。取自：http://www.ris.gov.tw/ch4/static/st1-4-9312.xls。

內政部戶政司（2005a）。**台閩地區結婚及離婚登記－按國籍國分**。瀏覽日期：2005 年 6 月 13 日。取自：http://www.ris.gov.tw/ch9/f9a-940308-1.html。

內政部戶政司（2005b）。**新移民女性照顧輔導基金補助作業要點**。瀏覽日期：2005 年 6 月 13 日。取自：http://www.ris.gov.tw。

內政部（2009）。**性別統計指標**。瀏覽日期：2009 年 6 月 10 日。取自 http://www.moi.gov.tw/stat/gender.aspx

內政部戶政司（2004）。瀏覽日期：2009 年 6 月 10 日。取自 http://www.ris.gov.tw/version96/stpeqr_02_01.html

內政部移民署（2009a）。**台灣地區居留外僑統計**。瀏覽日期：2009 年 6 月 10 日。取自 http://www.immigration.gov.tw/aspcode/info9804.asp

內政部移民署（2009b）。**台灣地區外籍配偶居留統計**。瀏覽日期：2009 年 6 月 10 日。取自 http://www.immigration.gov.tw/aspcode/info9804.asp

內政部移民署（2009c）。**外籍配偶人數按國籍分與大陸（含港澳）配偶人數**。瀏覽日期：2009 年 6 月 10 日。取自 http://www.immigration.gov.tw/aspcode/info9804.asp

內政部統計處（2009a）。**97 年新生嬰兒狀況統計**。瀏覽日期：2009 年 6 月 1 日。取自 http://www.moi.gov.tw/stat/news

內政部統計處（2009b）。**97 年新生嬰兒生母狀況分析（按發生日期統計）**。瀏覽日期：2009 年 6 月 1 日。取自 http://www.moi.gov.tw/stat/news

高淑清（2005）。同心協力共創佳績——外籍配偶及其子女的教育問題與資源介入。**教師天地，135**，26-34。

教育部統計處（2009a）。**97 學年外籍配偶子女就讀國中小人數分布概況統計分析**。瀏覽日期：2009 年 6 月 1 日。。取自 http://www.edu.tw/files/site_content/B0013/son_of_foreign_97.pdf

教育部統計處（2009b）。**九十八年第三週內政統計通報**。瀏覽日期：2009 年 5 月 20 日。取自 http://www.moi.gov.tw/stat/news_content.aspx?sn=1990

黃淑苓（2007）。新移民親師溝通合作。國立臺中教育大學教育學系暨課程與教學研究所主編，**新移民子女教育**：31-51。台北：冠學。

黃旐濤、黃秋玉、陳淑美、勞賢賢（2008）。**各級學校外籍配偶子女現況與困境之研究**。發表於美和技術學院「2008 南臺灣幼兒保育學術研討會」。瀏覽日期：2009 年 4 月 21 日。取自：http://mit4.meiho.edu.tw/%2Fself_store%2F7%2Fself_attach%2F4-3.pdf

葉淑慧（2005）。**東南亞女性外籍配偶生活適應與補校學習——以竹北市中正國小補校為例**。中華大學經營管理研究所碩士論文，未出版，新竹。

監察院（2008）外籍新娘與大陸配偶照顧輔導相關問題之調查報告。**監察院公報第2608期**。瀏覽日期：2008年6月12日。取自 http://www.cy.gov.tw/AP_Home/Op_Upload/eDoc/公報 97/0970000312 002000002p.pdf。

蔡榮貴與黃月純（2004）。臺灣外籍配偶子女教育問題與因應策略。**台灣教育，626**，32-37。

方德隆（1998）。**課程的分化與統整：九年一貫課程之理論與實際**。高雄市教育學會八十七學年度「教育新世代的變革與因應」研討會。高雄。

王一道（2002）。**國民小學家長參與班級事務及其相關因素之研究**。國立台中師範學院國民教育研究所未出版碩士論文。

王文中、呂金燮、吳毓瑩、張郁文、張淑慧（1999）。**教育測驗與評量——教學習觀點**。台北：五南。

王文科（1991）。**認知發展理論與教育**。台北：五南。

王宏仁（2000）。社會階層化下的婚姻移民與國內勞動市場：以越南新娘為例。**台灣社會研究季刊**。**41**。99-127。

王振興與張善楠（1996）。學校自主與家長參與——台東縣小學教師對家長參與學校教育工作的態度調查。**「教育改革：理論與實際」國際學術研討會**。

王淑如（1994）。**國民中學實施親職教育之研究**。國立台灣師範大學教育研究所未出版碩士論文。

王瑞壎（2004）。大陸和外籍新娘婚生子女適應與學習能力之探究。**台灣教育**。**626**。25-31。

石培欣（2000）。**國民中學學生家庭環境、同儕關係與學業成就之相關研究**。國立高雄師範大學教育學系未出版碩士論文。

江亮寅、陳燕禎與黃稚純（2004）。大陸與新移民女性生活適應之研究。**外籍與大陸配偶子女教育輔導學術研討會會議手冊**。179-207。

行政院主計處（2003）。**我國性別統計及婦女生活地位之國際比較研究**。瀏覽日期：2005 年 6 月 10 日。取自：http://www.stat.gov.tw/public/Data/411711334571.pdf。

何美瑤（2001）。**國中生家庭結構、學業成就與行為偏差之研究**。國立高雄師範學院教育學系未出版碩士論文。

何瑞珠（1999）。家長參與子女的教育：文化資本與社會資本的闡釋。**教育學報。27**（1）。233-261。

吳幼妃（1982）。社經地位的測量及問題。**教育文粹。11**。110-115。

吳沐馨（2003）。**幼教師對家長參與班級活動之困境知覺研究**。國立嘉義大學幼兒教育碩士班未出版碩士論文。

吳武典、林繼盛（1985）。加強家庭聯繫對兒童學習效果與家庭氣氛的影響。**師大教育心理學報。18**。97-116。

吳秋鋒（2002）。**父母的教育程度、職業與教養信念及參與子女學習之相關研究**。國立嘉義大學家庭教育研究所未出版碩士論文。

吳清山與林天佑（1998）。基本能力、基本學力。**教育資料與研究。25**。75-77。

吳裕益（1980）。**國中高、低成就學生家庭背景及心理特質之比較研究**。國立高雄師範大學教育學系未出版碩士論文。

吳裕益（1993）。台灣地區國民小學學生學業成就調查分析。**初等教育學報**。6。1-31。

吳璧如（1998）。教育歷程中家長參與學校教育之研究。**國教學報。10**。1-36。

吳璧如（2003）。母親參與子女學校教育之研究。**教育研究資訊。11**（5）。85-112。

吳迺雪（2003）。家長參與學校教育之研究：夥伴關係模式的觀點。**國民教育研究學報。10**。123-154。

巫有鎰（1997）。**影響國小學生學業成就的因果機制——以台北市和台東縣為例**。國立台東師範學院國民教育所未出版碩士論文。

李宛真（2004）。**高雄地區國中學生家庭文化資源、學習適應與學業成就關係之研究**。國立高雄師範大學教育學系未出版碩士論文。

李明昌（1997）。**國民小學家長參與、學習態度及自我概念關係之研究**。國立台中師範學院國民教育研究所未出版碩士論文。

李美瑩（1994）。**學齡兒童氣質、家庭氣氛與學業成績之關係**。國立政治大學教育研究所未出版碩士論文。

李萍與李瑞金（2004）。台北市新移民女性社會適應之研究。**社教雙月刊**。**119**。4-20。

李義男（1995）。**學校公共關係的理論與實務-以美國為例**。臺北：五南。

佘豐賜（2002）。**台南縣市國民小學家長參與學校事務及其相關問題之研究**。國立台南師範學院國民教育研究所未出版碩士論文。

周天賜與吳武典（1980）。國中文化貧乏學生身心特質之調查研究。**測驗年刊**。**27**。9-12。

周新富（1999）。提高家長參與子女學習的有效途徑。**人文及社會學科教學通訊**。**9**（3）。162-172。

周新富（2003）。家長參與子女教育之研究與實務。**國民教育研究學報**。**11**。69-92。

周裕欽與廖品蘭（1997）。出身背景、教育程度及對子女教育期望之關聯性研究。**教育與心理研究**。**20**。313-330。

林天祐（1997）。**學校家長關係**。載於吳清山等著：有效能的學校。141-160。台北：國

林文達（1983）。教育機會公平性之研究。**國立政治大學學報**。**48**。87-115。

林生傳（1976）。影響學業成就的社會環境因素分析與探討。**高雄師院學報**。**4**。167-222。

林生傳（1994）。**教育心理學**。臺北：五南。

林明地（1998）。學校與社區關係——從家長參與學校活動的理念談起。**教育研究雙月刊**。**51**。30-40。

林明地（1999）。家長參與學校教育的研究與實際：對教育改革的啟示。**教育研究資訊**。7（2）。61-79。

林明地（2001）。家長參與學校活動與校務：台灣省公立國民中小學校長的看法分析。**教育政策論壇**。**1**（2）。155-187。

林俊瑩（2001）。**國小學生家長的子女教育期望、民主參與態度與參與學校教育行為關連性之研究**。國立臺東師範學院教育研究所未出版碩士論文。

林美惠（2002）。**高雄市國民小學家長參與校務及其影響因素之研究**。國立屏東師範學院國民教育研究所未出版碩士論文。

林清江（1991）。**教育社會學新論**。台北：五南。

林清江（1998）。**國民教育九年一貫課程規劃專案報告**。立法院教育委員會第三屆第六會期。台北：教育部。

林淑玲（1981）。**家庭社經地位與學前教育對學齡兒童學業成就之影響**。國立政治大學教育研究所未出版碩士論文。

林惠真主編（1999）。**海闊天空開放教育**。台北：聯經。

林義男（1988）。國小學生家庭社經背景、父母參與及學業成就的關係。**國立台灣教育學院輔導學報**。**11**。95-140。

林璣萍（2003）。**台灣新興的弱勢學生——外籍新娘子女學校適應現況之研究**。國立臺東大學教育研究所未出版碩士論文。

林繼盛（1982）。影響兒童學業之家庭因素。**台灣省教師研習會**。

邱琡雯（2000）。在臺東南亞新移民女性的識字/生活教育：同化？還是多元文化？。**社會教育學季刊**。29。197-219。

邱騰緯（2000）。**阿美族母角色扮演與國小子女智育成績關係之探討——以太巴塱國小為例**。國立台灣師範大學三民主義研究所未出版碩士論文。

侯世昌（2002）。**國民小學家長教育期望、參與學校教育與學校效能之研究**。國立台灣師範大學未出版博士論文。

洪麗玲（1999）。**臺北市國小學生家長參與學校事務及其相關因素之研究**。臺北市立師範學院國民教育研究所未出版碩士論文。

夏曉鵑（1997）。女性身體的貿易：台灣/印尼新娘貿易的階級與族關係分析。**東南亞區域通訊**。**2**。72-83。

孫清山與黃毅志（1994）。社會資源、文化資本與地位取得。**東海學報**。**35**。127-150。

徐慕蓮（1987）。**個人及家庭因素影響國小新生學校生活適應之研究**。國立台灣師範大學家政教育研究所未出版碩士論文。

高曉婷（2004）。家長參與教育之動機與期望。**中等教育**。**55**（4）。142-154。

婦女新知基金會（2003）。**不要叫我外籍新娘！**瀏覽日期：2005 年 3 月 10 日。取自：http://www.awakening.org.tw/。

張永明、鄭燕祥與譚偉明（1995）。家長參與學校教育：理念、實踐和管理。**初等教育學報**。**5**（2）。57-66。

張怡貞（1998）。國小男女學童知覺父母對其教育關注與期望調查。**教育研究集刊**。**41**。53-70。

張明侃（1998）。**桃園縣國民小學家長會參與校務運作之分析研究**。國立台北市立師範學院國民教育研究所未出版碩士論文。

張建成、黃鴻文與譚光鼎（1993）。**少數民族教育的理論與實際**。台北：台灣書店。

張彥婷（1998）。**女性家長參與學校事務經驗之研究：以臺北市為例**。國立政治大學教育研究所未出版碩士論文。

張春興（1992）。**張氏心理學辭典**。台北：東華。

張春興（2003）。**教育心理學——三化取向的理論與實踐**。台北：東華。

張耐與王文瑛（1994）。家長參與教育的過去與現在——西方親職教育的發展。**社會福利**。**113**。21-25。

張清濱（1997）。**學校行政與教育革新**。台北：台灣書店。

張善楠與黃毅志（1997）。原漢族別、社區與學童學業成績關連性之因果機制。**少數族群和原住民教育研究國際學術研討會**。

張貴英（1996）。買賣的婚姻－東南亞新娘的交叉剝削圖像。**女誌**。**8**。37-39。

教育部（1999）。**高級中等以下學校教師評審委員會設置辦法**。台北：教育部。

教育部（2000）。**國民中小學九年一貫課程暫行綱要**。台北：教育部。

教育部（2004a）。**我國教育政策之現況與未來發展**。瀏覽日期：2004 年 10 月 3 日。取自：http://www.edu.tw/EDU_WEB/EDU_MGT/E0001/EDUION001/menu01/sub04/1-5。

教育部（2004b）。**國民小學及國民中學學生成績評量準則修正條文**。瀏覽日期：2005 年 5 月 20 日。取自：http://gazette.nat.gov.tw/EG_FileManager/eguploadpub/eg011004/ch05/type1/gov40/num1/Eg.htm。

教育部（2004c）。**新移民女性子女就讀國中小學生人數分析（九十三學年）**。瀏覽日期：2005 年 5 月 20 日。取自：http://www.edu.tw/EDU_WEB/EDU_MGT/STATISTICS/EDU7220001/report/son_of_foreign_93.htm?search。

教育部（2005）。**預告「國民教育階段家長參與教育事務辦法」草案條文及總說明**。瀏覽日期：2005 年 3 月 25 日。取自：http://gazette.nat.gov.tw/EG_FileManager/eguploadpub/eg011055/ch05/type3/gov40/num1/Eg.htm。

郭生玉（1973）。國民中學低成就學生心理特質之分析研究。**國立台灣師範大學教育研究集刊**。**15**。451-534。

郭明科（1997）。**國民小學家長參與學校教育之理論與實際研究**。國立台南師範學院國民教育研究所未出版碩士論文。

陳丁魁（2003）。**家長參與課程實施之調查研究——以九年一貫課程為例**。國立嘉義大學國民教育研究所未出版碩士論文。

陳正昌（1994）。**從教育機會均等觀點探討家庭、學校與國小學生學業成就之關係**。國立政治大學教育學系未出版博士論文。

陳江水（2003）。**國中學生家庭環境、人格特質、社會技巧與學業成就相關研究**。國立彰化師範大學教育研究所未出版碩士論文。

陳作忠（2003）。**屏東地區原住民族國中生家庭因素與學業成就關係之研究**。國立台灣師範大學三民主義研究所未出版碩士論文。

陳志福（1990）。**國小實施家長義工制度途徑之研究**。國立高雄師範大學教育研究所未出版碩士論文。

陳良益（1996）。**我國國小家長參與學校教育之研究**。國立台灣師範大學教育研究所未出版碩士論文。

陳怡君（1994）。**臺北區公立高中學生學習策略、學業興趣及性向與英、數兩科學業成就之關係**。國立政治大學教育學系未出版碩士論文。

陳奎熹（1991）。**教育社會學研究**。台北：師大學苑。

陳美娥（1996）。**國小學習遲緩兒童父母教養方式與成就動機、生活適應、學業成就之關係研究**。台北市市立師範學院國民教育研究所未出版碩士論文。

陳庭芸（2001）。**澎湖地區國際婚姻調適之研究：以印尼與越南新娘為例之比較**。國立台灣師範大學地理研究所未出版碩士論文。

陳烘玉、劉能榮、周遠祁、黃秉勝與黃雅芳（2004）。台北縣新移民女性子女教育發展關注之研究。**外籍與大陸配偶子女教育輔導學術研討會：66-91**。

陳翠華（1996）。**國小學生家庭環境、心理特質與學業成就關係之研究**。國立台南師範學院國民教育研究所未出版碩士論文。

黃昆輝（1978）。我國大學入學考試報考者與錄取者家庭社經背景之比較分析。**國立台灣師範大學教育研究集刊。20**。149-326。

黃凱霖（1995）。**父母效能感、父母參與、以及子女學業成就的關係**。國立台灣師範大學教育研究所未出版碩士論文。

黃毅志（1996）。台灣地區民眾地位取得之因果機制：共變結構分析。**東吳社會學報。5**。213-248。

楊國樞（1986）。家庭因素與子女行為：台灣研究的評析。**中華心理學刊。28**。7-28。

楊淑朱等（2004）。雲林縣外籍女性配偶子女在校狀況之調查研究。**外籍與大陸配偶子女教育輔導學術研討會**，嘉義大學。

楊惠琴（2000）。**國小資優學生家長參與學校教育之研究**。國立彰化師範大學特殊教育研究所未出版碩士論文。

詹益銘（2002）。**點燃、點醒、點化…社子國小家長參與學校教育之研究**。國立新竹師範學院學校行政未出版碩士論文。

鄒浮安（1994）。家庭社經地位與學業成就之關係——後設分析。**教育研究資訊**。**3**（2）。38-47。

歐陽誾（1989）。**我國國民小學學生家長參與子女學習活動之研究**。國立政治大學教育研究所未出版碩士論文。

蔡奇璋（2004）。**新移民女性參與國小子女學習的障礙及其解決途徑之研究**。國立中正大學成人及繼續教育研究所未出版碩士論文。

蔡俊傑（1999）。**父母參與及教師參與對學生生活適應影響之研究：以台灣地區南部國二學生為例**。國立政治大學教育研究所未出版博士論文。

蔡淑玲與瞿海源（1988）。性別與成就抱負：以台大學生為例。**中國社會學刊**。**2**（2）。135-201。

蔡淑鈴（1987）。職業隔離現象與教育成就：性別之比較分析。**中國社會學刊**。**11**。61-91。

蔡雅玉（2001）。**台越跨國婚姻現象之初探**。國立成功大學政治經濟研究所未出版碩士論文。

蔡毓智（2002）。**學習資產對學業成績之影響——以台北市國三學生基本學力測驗成績為例**。國立政治大學社會教育研究所未出版碩士論文。

蔡榮貴（2004）。台灣新移民女性子女教育問題與因應策略。**台灣教育**。**626**。32-37。

鄭佳玲（2000）。**台南市幼稚園教育「家長參與」之研究**。國立台南師範學院國民教育研究所未出版碩士論文。

鄭淵全（1997）。**社經地位、能力、學校教育過程與國小學生學業成就之關係－功能典範與衝突典範之探究**。國立高雄師範大學教育研究所未出版博士論文。

鄧秀珍（2004）。國小學童中外籍新娘子女與本籍婦女之子女生活難題及學習問題之比較分析。**外籍與大陸配偶子女教育輔導學術研討會會議手冊：106-116**。

盧秀芳（2004）。**在台外籍新娘子女家庭環境與學校生活適應之研究**。國立政治大學學校行政碩士班未出版碩士論文。

盧焜煌（2003）。**國民小學班級家長參與之個案研究**。國立台中師範學院國民教育研究所未出版碩士論文。

蕭昭娟（2000）。**國際遷移之調適研究：以彰化縣社頭鄉外籍新娘為例**。國立台灣師範大學未出版碩士論文。

謝亞恆（2004）。**族群、家庭背景與國中學業成就之研究**。私立南華大學教育社會學研究所未出版碩士論文。

謝孟穎（2002）。**家庭社經背景與學生學業成就關聯性之研究**。國立嘉義大學國民教育研究所未出版碩士論文。

謝青儒（2002）。**父母參與與子女性別角色概念、性格特質、幸福感及學業表現之相關研究**。國立屏東師範學院教育心理與輔導研究所未出版碩士論文。

謝慶皇（2004）。**新移民女性子女學業成就及其相關因素探討**。國立台南師範學院教師在職進修特殊碩士學位班未出版碩士論文。

鍾美英（2002）。**國小學生家長參與班級親師合作之研究**。國立屏東師範學院國民教育研究所未出版碩士論文。

簡加妮（2001）。**高雄市國民小學家長參與學校事務角色層級及影響策略之研究**。國立屏東師範學院國民教育研究所未出版碩士論文。

魏麗敏（1999）。**國民中小學學生家庭因素、學習歷程與成就之分析研究**。台北：五南。

譚德玉（2001）。**國中資優學生家長參與學校教育之研究**。國立彰化師範大學特殊教育學系在職進修專班未出版碩士論文。

Alejandro, R. (2000). *Influence strategies by an elementary school principal, teachers, and support staff to involve low socio-economic Mexican-American parents in their children's education*. Unpublished doctoral disseration, The University of Texas at Austin, Austin, Texas.

Benbow, C., & Stanley, J.  (1980). Sex differences in mathematical reasoning ability: More facts. *Science*, *222*, 1029.

Berger, E. H. (1987). *Parent as partners in education: The school and home working together (2thed.)*. OH: Merrill

Berger, E. H. (1991).Parent involvement:Yesterday and today .*The Elementary School,91*(3),209-219.

Boocock, S.S. (1972)*An introduction to the sociology of learning*.New York:Houghton Mifflin.

Bowles, S., & Gintis, H. (1976). *Schooling in capitalist America.* New York: Basic Books Inc.

Brock, H. C. (1976). *Parent volunteer program in early childhood education* (3rd ed.). Linnet Books, U.S.A.

Chavkin, N. F., & Williams, D. L. (1987). Enhancing parent involvement-guildelines assess to an importance resource for school administrators. *Education and Urban Society*, *19*(2), 164-184.

Clevette, C. A. (1994).*Barriers and Barrios: Issues of Hispanic,Limited English Proficient Parent Involvement.* Doctoral Dissertation, University of ST Thomas.DAO: AAC:93-33302.

Cocking, W.D. (1952). Schools belong to the people. *School Executive*, *171*, 40.

Coleman, P.(1998). *Parents, Studentand Teacher Collaboration: The power of Three.* California: Corwin.

Comer, J. P., & Haynes, N. M. (1991). Parent involvement in school: An Ecological Approach. *The Elementary School Journal, 91*(3), 271-277.

Cuttance, P. F. (1980). *Social background, aspirations and academic achievement: An analysis based on longitudinal data for Australia*. (ERIC Document Reproduction Service No. EJ232775)

Davies, D. (1987). Parent involvement in the public schools: Opportunities for administrators. *Education and Urban Society*, *19*(2), 147-163.

Eccles, A., & Harold, J. (1993). *Family Involvement in Children's and Adolescents'Schooling. Family-School Links: How Do They Affect Educational Outcomes?* New Jersey: Lawrence Erlbaum Associates

Echols, P. S. (1992). *A study of the relationships among student's Attitudes Toward Mathematics and the variables of teacher attitude,parental attitude, achievement, ability, sex of the student and grade level of the student*. Michigan: UMI.

Epstein, J. L., & Becker, H. I. (1983). Teachers' reported practices of parent involvement: Problems and possibilities. *The Elementary School Jouranl, 83*, 104-108.

Epstein, J. L. (1995). School/family/community partnerships.*Phi Delta Kappan, 76(9)*, 701-712.Avalible: http://www.ebsco.com.

Epstein, J. L (1997). *A Comprehensive Framework for School, Family, and Community Partnerships. School, Family, and Community Partnerships: Your Handbook for Action.* California: Corwin.

Fehrmann, P. G., Keith, T. Z., & Reimers, T. M. (1987). Home influences on school learning: Direct and indirect effects of parental involvement on high school grades. *Journal of Education Research, 80* , 330-337.

Felson, R. B., & Trudeau, L. (1991). Gender differences in Mathematics perfomance. *Social Psychology Quarterl, 54,* 113-126.

Ginsburg, G.S., & Bronstein, P. (1993). Family factors related to children s instrinsic/extrinsic motivational orientation and academic performance. *Child Development, 64*, 1461-1474.

Goldring E. B. & Shapira R.(1993).Choice, empowerment, and involvement: What satisfies parents? *Educational Evaluation and Policy Analysis,15* (4), 369-409.

Grolnick, W.S., & Slowiaczek, M.L. (1994). Parents' involvement in children' s schooling: A multidimensional conceptualization and motivational model. *Child Development, 65*, 237-252.

Henderson, A. T. (1987). *The evidence continues to grow: Parent involvement improves student achievement.* (ERIC Document Reproduction Service No.ED315199)

Henderson, A. T. (1988). Parents are a shool's best friends. *Phi Delta Kappan, 70*, 148-153.

Henderson, A. T., & Berla. N. (1994). *A new generation of evidence: The family is crucial to student achievement*. [Abstract]. (ERIC Document Reproduction. ED 375968)

Hoover-Dempsey, K. V., Bassler, O. C., & Brissie, J. S. (1987). Parent involvement: Contribution of teacher efficacy, school socioeconomic status, and other school characteristics. *American Educational Research Journal*, *24*(3), 417-435.

Landsberger, B. H. (1981). *Sex differences in factors related to early school achievement.* (ERIC Document Reproduction Service No. ED197839)

Lareau, A. (1987). Social class different in family-school relationships: The importance of cultural capital. *Sociology of Education*, *60*, 73-85.

Linney, J. A., & Vernberg, E. (1983). *Changing patterns of parental employment and the family-school relationship.* (ERIC Document Reproduction Service No. ED231727)

Luchuck, V. L. (1998).*The Effects of Parent Involvement on Student Achievvement*. (ERIC Document Reproduction Service No. ED424926).

Meighan, R. (1993). *A sociology of educating*. London: Cassell Education.

Mucha, L. (1987). *Attitudes and achievement effects of mathematics homework games on second grade student and their parent*. [Abstract]. (ED: 283698). Avalible: http://www.nwrel.org/scpd/sirs/3/cu6.html.

Muller, C.,& David K. (1993). *Parent Involvement in the Home School and Community. in Schneider, A. and J. S. Coleman (Eds.) Parents, Their Children, and School.* Colorado: Westview Press.

National Congress of Mothers and Parent-Teacher Associations (2001). *National standards for parent/family involvement programs.* Available: http://www.pta.org/programs/pfistand.htm.

Pean, D. C. (2000).*Parenti nvolvement :Influencing factors and Implications.* Journal of Educational Research, 94(1), 42-54. Avaliable: http://www. ebsco. com

Peterson, D.(1989). *Parent involvement in the educational process.* ERIC Clearinghouse on Educational Management Eugene OR. Avalible: http://www.ed.gov/databases/ERIC_Digests/ed312776.html.

Perry.,& Tannenbaum.(1992).*Parents power and the public school In kaplan(ed), Education and Family.*Boston.Mass:Allyn and Bacon.

Phillips, L. (1992). *Parent Involvement: Relationships of Eexpectations,Goals, and Activities to Student Achievement Among Minority ,Socioeconomic, and Gender Groups.* (ERIC Document Reproduction Service No. ED353065).

Revicki, D. A. (1981). *The relationship among socioeconomic status, home environment parent involvement, child self-concept, and child achievement.* [Abstract]. Chapel Hill, NC: University of North Carolina, (ED: 206645). Avalible: http://www.nwrel.org/scpd/sirs/3/cu6.html.

Sewell, W., & Shah, V. (1967). Socioeconomic status, intelligence, and the attainment of higher education. *Sociology of Education*, *40*(1), 1-23.

Snipes, et al.(1995). *Principals' perception of parent involvement practices in high and low acdemically achieving elementary schools.* Paper presented at the Annual Meeting of Mid-South Educational Research Association, Biloxi, MS.

Sriampai, P. (1992). Attitude toward mathematics, mathematics anxiety, and mathematics achievement related to gender and academic program. Michigan: UMI.

Tangri, S., & Moles, O. (1987). *Parents and the community.* [Abstract]. In Educators' Handbook: A Research Perspective, edited by V. Richardson-

Koehler. New York/London: Longman Press. Avaliable: http://www.nwrel.org/ scpd/sirs/3/cu6.html

The National PTA (1987). Parent involvement: what your PTA can do? *Journal of Educational public relations*, *9*(4), 17-24.

White, V.R. (1982). The relation between socioeconomic status and academic achievement. *Psychological Bulletin, 91*(3), 461-481.

Xie, Q., & Hultgren, F. (1994). Urban Chinese parents' perceptions of their strengths and needs in rearing only sons and daughters. *Home Economics Research Journal, 22*(3), 340-356.

# 附錄一

新移民女性參與子女學校教育調查問卷（預試問卷）

【基本資料】說明：請依該班新移民女性學生背景資料填答，敬請逐題勾選與填寫，謝謝！

## 一、學生基本資料

1. 性別：□男　□女
2. 年級：□低年級　□中年級　□高年級
3. 學業成就：九十三學年度上學期學習領域總成績________分
4. 班上人數：________人
5. 在班上學習表現排名：□1~5 名　□6~10 名　□11~20 名　□21~30 名　□31 名以後

## 二、父親基本資料

1. 教育程度：□不識字　□國中以下　□高中或高職
　□專科或大學　□研究所以上
2. 職業類別：□第一類　□第二類　□第三類　□第四類
　□第五類

第一類：工廠工人、學徒、小販、自耕農、漁夫、清潔工、雜工、臨時工、工友、建築物看管人員、門房、傭工、女傭、侍應生、舞（酒）女、無業、家庭主婦

第二類：技工、水電匠、店員、小店主、零售員、推銷員、司機、裁縫、廚師、美容師、理髮師、郵差、士官兵、領班、監工。

第三類：技術員、技佐、委任級公務人員、科員、行員、出納員、縣市議員、鄉鎮民代表、批發商、代理商、包商、尉級軍官、警察、女警隊員、消防隊員、船員、秘書、服裝設計師、電影電視演員。

第四類：中小學校長、中小學教師、會計師、法官、推事、律師、薦任級公務人員、公司行號科長、院轄市議員、經理、襄理、協理、副理、代書、作家、畫家、音樂家、電視記者、新聞記者。

第五類：大專校長、大專教師、醫師、大法官、科學家、簡任級公務人員、立法委員、考試委員、監察委員、國大代表、校級軍官、董事長、總經理、將級軍官。

## 三、母親基本資料

1. 教育程度：□不識字　□國中以下　□高中或高職
   □專科或大學　□研究所以上
2. 職業類別：□第一類　□第二類　□第三類　□第四類
   □第五類

   第一類：工廠工人、學徒、小販、自耕農、漁夫、清潔工、雜工、臨時工、工友、建築物看管人員、門房、傭工、女傭、侍應生、舞（酒）女、無業、家庭主婦

   第二類：技工、水電匠、店員、小店主、零售員、推銷員、司機、裁縫、廚師、美容師、理髮師、郵差、士官兵、領班、監工。

   第三類：技術員、技佐、委任級公務人員、科員、行員、出納員、縣市議員、鄉鎮民代表、批發商、代理商、包商、尉級軍官、警察、女警隊員、消防隊員、船員、秘書、服裝設計師、電影電視演員。

   第四類：中小學校長、中小學教師、會計師、法官、推事、律師、薦任級公務人員、公司行號科長、院轄市議員、經理、襄理、協理、副理、代書、作家、畫家、音樂家、電視記者、新聞記者。

   第五類：大專校長、大專教師、醫師、大法官、科學家、簡任級公務人員、立法委員、考試委員、監察委員、國大代表、校級軍官、董事長、總經理、將級軍官。
3. 國籍：□大陸　□印尼　□越南　□泰國　□菲律賓
   □其他______________（請說明）
4. 華語能力：□完全不會說　□能聽懂一些
   □能聽也能講一些日常對話
   □流利　□非常流利

## 【問卷內容】

說明：這部分是調查新移民女性參與子女學校教育情形，請針對真實情形，逐題作答，並在下列各題內適當的口中，打「v」，謝謝！

| | | 非常同意 | 同意 | 尚可 | 不同意 | 完全不同意 |
|---|---|---|---|---|---|---|
| 壹、 | | | | | | |
| 1 | 母親會密切注意子女的學習狀態，深入瞭解孩子的學習能力及興趣。 | □ | □ | □ | □ | □ |
| 2 | 母親能有效配合教師的教學並給予子女正確指導。 | □ | □ | □ | □ | □ |
| 3 | 母親能充分掌握子女在學校的學習情形。 | □ | □ | □ | □ | □ |
| 4 | 母親能引導或協助子女一起完成作業。 | □ | □ | □ | □ | □ |
| 5 | 母親會幫子女準備上課所需要的學用品。 | □ | □ | □ | □ | □ |
| 6 | 子女有問題時或有進步時，母親會與老師保持聯繫。 | □ | □ | □ | □ | □ |
| 7 | 母親會每天簽閱子女的聯絡簿、功課或成績單。 | □ | □ | □ | □ | □ |
| 8 | 母親會關心子女在學校各方面表現。 | □ | □ | □ | □ | □ |
| 9 | 母親會與老師討論如何指導子女課業相關問題。 | □ | □ | □ | □ | □ |
| 10 | 母親能為子女準備適合的學習環境，包括學習空間、設備與課外讀物。 | □ | □ | □ | □ | □ |

| | | 非常同意 | 同意 | 尚可 | 不同意 | 完全不同意 |
|---|---|---|---|---|---|---|
| 貳、 | | | | | | |
| 1 | 母親會協助班級或學校佈置、美化、清潔與維護。 | □ | □ | □ | □ | □ |
| 2 | 母親曾經擔任學校非教學工作的義工（如協助學生上下學的導護工作）。 | □ | □ | □ | □ | □ |
| 3 | 母親曾經擔任子女班級教師的教學助理。 | □ | □ | □ | □ | □ |
| 4 | 母親會貢獻專長並參與部分教學活動（如晨光時間教學、愛心媽媽）。 | □ | □ | □ | □ | □ |
| 5 | 母親會以書面或電話向學校人員提出建議。 | □ | □ | □ | □ | □ |
| 6 | 母親會提供老師教學資源。 | □ | □ | □ | □ | □ |
| 7 | 母親曾經捐贈班級或學校圖書或教學設備。 | □ | □ | □ | □ | □ |
| 參、 | | | | | | |
| 1 | 母親曾經出席校務會議或委員會，對重要校務做決策。 | □ | □ | □ | □ | □ |
| 2 | 母親曾經參加「課程發展委員會」，與學校共同討論，擬定課程發展方向及課程方案的規劃。 | □ | □ | □ | □ | □ |
| 3 | 母親曾經參加教評會，參與學校教師的甄選。 | □ | □ | □ | □ | □ |
| 4 | 母親曾經擔任學校家長會的家長代表或家長委員。 | □ | □ | □ | □ | □ |
| 5 | 母親曾經參與校園及校舍整體規劃。 | □ | □ | □ | □ | □ |
| 6 | 母親曾經參與教科書選擇。 | □ | □ | □ | □ | □ |

本問卷到此為止，煩請檢查是否有漏答的題目！

祝福您　教學愉快、健康快樂！

# 附錄二

新移民女性參與子女學校教育調查問卷（正式問卷）

【基本資料】說明：請依該班新移民女性學生背景資料填答，敬請逐題勾選與填寫，謝謝！

一、學生基本資料

1. 性別：□男　□女
2. 年級：□低年級　□中年級　□高年級
3. 學業成就：九十三學年度上學期學習領域總成績________分
4. 班上人數：________人
5. 在班上學習表現排名：□1~5 名　□6~10 名　□11~20 名　□21~30 名　□31 名以後

## 二、父親基本資料

1. 教育程度：□不識字　□國中以下　□高中或高職
   □專科或大學　□研究所以上
2. 職業類別：□第一類　□第二類　□第三類　□第四類
   □第五類

第一類：工廠工人、學徒、小販、自耕農、漁夫、清潔工、雜工、臨時工、工友、建築物看管人員、門房、傭工、女傭、侍應生、舞（酒）女、無業、家庭主婦

第二類：技工、水電匠、店員、小店主、零售員、推銷員、司機、裁縫、廚師、美容師、理髮師、郵差、士官兵、領班、監工。

第三類：技術員、技佐、委任級公務人員、科員、行員、出納員、縣市議員、鄉鎮民代表、批發商、代理商、包商、尉級軍官、警察、女警隊員、消防隊員、船員、秘書、服裝設計師、電影電視演員。

第四類：中小學校長、中小學教師、會計師、法官、推事、律師、薦任級公務人員、公司行號科長、院轄市議員、經理、襄理、協理、副理、代書、作家、畫家、音樂家、電視記者、新聞記者。

第五類：大專校長、大專教師、醫師、大法官、科學家、簡任級公務人員、立法委員、考試委員、監察委員、國大代表、校級軍官、董事長、總經理、將級軍官。

## 三、母親基本資料

1. 教育程度：□不識字　□國中以下　□高中或高職
　□專科或大學　□研究所以上

2. 職業類別：□第一類　□第二類　□第三類　□第四類
　□第五類

第一類：工廠工人、學徒、小販、自耕農、漁夫、清潔工、雜工、臨時工、工友、建築物看管人員、門房、傭工、女傭、侍應生、舞（酒）女、無業、家庭主婦

第二類：技工、水電匠、店員、小店主、零售員、推銷員、司機、裁縫、廚師、美容師、理髮師、郵差、士官兵、領班、監工。

第三類：技術員、技佐、委任級公務人員、科員、行員、出納員、縣市議員、鄉鎮民代表、批發商、代理商、包商、尉級軍官、警察、女警隊員、消防隊員、船員、秘書、服裝設計師、電影電視演員。

第四類：中小學校長、中小學教師、會計師、法官、推事、律師、薦任級公務人員、公司行號科長、院轄市議員、經理、襄理、協理、副理、代書、作家、畫家、音樂家、電視記者、新聞記者。

第五類：大專校長、大專教師、醫師、大法官、科學家、簡任級公務人員、立法委員、考試委員、監察委員、國大代表、校級軍官、董事長、總經理、將級軍官。

4. 國籍：□大陸　□印尼　□越南　□泰國　□菲律賓
　□其他＿＿＿＿＿＿＿（請說明）

5. 華語能力：□完全不會說　□能聽懂一些
　□能聽也能講一些日常對話
　□流利　□非常流利

【問卷內容】

說明：這部分是調查新移民女性參與子女學校教育情形，請針對真實情形，逐題作答，並在下列各題內適當的　中，打「v」，謝謝！

| | | 非常同意 | 同意 | 尚可 | 不同意 | 完全不同意 |
|---|---|---|---|---|---|---|
| A01 | 母親會密切注意子女的學習狀態，深入瞭解孩子的學習能力及興趣。 | □ | □ | □ | □ | □ |
| A02 | 母親能有效配合教師的教學並給予子女正確指導。 | □ | □ | □ | □ | □ |
| A03 | 母親能充分掌握子女在學校的學習情形。 | □ | □ | □ | □ | □ |
| A04 | 母親能引導或協助子女一起完成作業。 | □ | □ | □ | □ | □ |
| A05 | 母親會幫子女準備上課所需要的學用品。 | □ | □ | □ | □ | □ |
| A06 | 子女有問題時或有進步時，母親會與老師保持聯繫。 | □ | □ | □ | □ | □ |
| A07 | 母親會每天簽閱子女的聯絡簿、功課或成績單。 | □ | □ | □ | □ | □ |
| A08 | 母親會關心子女在學校各方面表現。 | □ | □ | □ | □ | □ |
| A09 | 母親會與老師討論如何指導子女課業相關問題。 | □ | □ | □ | □ | □ |
| A10 | 母親能為子女準備適合的學習環境，包括學習空間、設備與課外讀物。 | □ | □ | □ | □ | □ |

| | | 非常同意 | 同意 | 尚可 | 不同意 | 完全不同意 |
|---|---|---|---|---|---|---|
| B01 | 母親會協助班級或學校佈置、美化、清潔與維護。 | □ | □ | □ | □ | □ |
| B02 | 母親曾經擔任學校非教學工作的義工（如協助學生上下學的導護工作）。 | □ | □ | □ | □ | □ |
| B03 | 母親曾經擔任子女班級教師的教學助理。 | □ | □ | □ | □ | □ |
| B04 | 母親會貢獻專長並參與部分教學活動（如晨光時間教學、愛心媽媽）。 | □ | □ | □ | □ | □ |
| B05 | 母親會以書面或電話向學校人員提出建議。 | □ | □ | □ | □ | □ |
| B06 | 母親會提供老師教學資源。 | □ | □ | □ | □ | □ |
| B07 | 母親曾經捐贈班級或學校圖書或教學設備。 | □ | □ | □ | □ | □ |
| C01 | 母親曾經出席校務會議或委員會，對重要校務做決策。 | □ | □ | □ | □ | □ |
| C02 | 母親曾經參加「課程發展委員會」，與學校共同討論，擬定課程發展方向及課程方案的規劃。 | □ | □ | □ | □ | □ |
| C03 | 母親曾經參加教評會，參與學校教師的甄選。 | □ | □ | □ | □ | □ |
| C04 | 母親曾經擔任學校家長會的家長代表或家長委員。 | □ | □ | □ | □ | □ |
| C05 | 母親曾經參與校園及校舍整體規劃。 | □ | □ | □ | □ | □ |
| C06 | 母親曾經參與教科書選擇。 | □ | □ | □ | □ | □ |

本問卷到此為止，煩請檢查是否有漏答的題目！

祝福您　教學愉快、健康快樂！

國家圖書館出版品預行編目

新移民女性參與子女學校教育：以台灣雲林縣個案為例 / 林美惠、王奕貞、莊財福著.
-- 一版. -- 臺北市 : 秀威資訊科技, 2010.05
面 ; 公分. -- (社會科學類 ; AF0130)
BOD 版
參考書目 : 面
ISBN 978-986-221-386-5(平裝)

1. 學校與家庭 2. 學校教育 3.雲林縣

521.55 98025008

社會科學類 AF0130

# 新移民女性參與子女學校教育：以台灣雲林縣個案為例

作　　者 / 林美惠　王奕貞　莊財福
發 行 人 / 宋政坤
執行編輯 / 藍志成
圖文排版 / 鄭維心
封面設計 / 蕭玉蘋
數位轉譯 / 徐真玉　沈裕閔
圖書銷售 / 林怡君
法律顧問 / 毛國樑　律師
出版印製 / 秀威資訊科技股份有限公司
台北市內湖區瑞光路 583 巷 25 號 1 樓
電話：02-2657-9211　　傳真：02-2657-9106
E-mail：service@showwe.com.tw
經 銷 商 / 紅螞蟻圖書有限公司
台北市內湖區舊宗路二段 121 巷 28、32 號 4 樓
電話：02-2795-3656　　傳真：02-2795-4100
http://www.e-redant.com

2010 年 5 月 BOD 一版
定價：220 元

# 讀　者　回　函　卡

感謝您購買本書，為提升服務品質，煩請填寫以下問卷，收到您的寶貴意見後，我們會仔細收藏記錄並回贈紀念品，謝謝！

1.您購買的書名：______________________________

2.您從何得知本書的消息？

☐網路書店　☐部落格　☐資料庫搜尋　☐書訊　☐電子報　☐書店

☐平面媒體　☐ 朋友推薦　☐網站推薦　☐其他___________

3.您對本書的評價：(請填代號　1.非常滿意 2.滿意 3.尚可 4.再改進)

封面設計____　版面編排____　內容____　文/譯筆____　價格____

4.讀完書後您覺得：

☐很有收獲　☐有收獲　☐收獲不多　☐沒收獲

5.您會推薦本書給朋友嗎？

☐會　☐不會，為什麼？________________________________________

6.其他寶貴的意見：______________________________________________

________________________________________________________________

________________________________________________________________

________________________________________________________________

## 讀者基本資料

姓名：_____________________　年齡：______　性別：☐女　☐男

聯絡電話：_________________　E-mail：_____________________

地址：___________________________________________________

學歷：☐高中(含)以下　☐高中　☐專科學校　☐大學

☐研究所(含)以上　☐其他________________

職業：☐製造業　☐金融業　☐資訊業　☐軍警　☐傳播業　☐自由業

☐服務業　☐公務員　☐教職　☐學生　☐其他___________

請貼
郵票

To：114

台北市內湖區瑞光路 583 巷 25 號 1 樓

秀威資訊科技股份有限公司　　　收

寄件人姓名：

寄件人地址：□□□

---

(請沿線對摺寄回,謝謝!)